Nicolai Hannig, Hiram Kümper

# Rezensionen

finden – verstehen – schreiben

**Bibliografische Information der Deutschen Nationalbibliothek**

Die Deutsche Nationalbibliothek verzeichnet diese Publikation in der Deutschen Nationalbibliografie; detaillierte bibliografische Daten sind im Internet über http://dnb.d-nb.de abrufbar.

© by WOCHENSCHAU Verlag
Schwalbach/Ts. 2012

www.wochenschau-verlag.de

Alle Rechte vorbehalten. Kein Teil dieses Buches darf in irgendeiner Form (Druck, Fotokopie oder einem anderen Verfahren) ohne schriftliche Genehmigung des Verlages reproduziert oder unter Verwendung elektronischer Systeme verarbeitet werden.

Titelgestaltung: Ohl Design
Titelbild: © arsdigital - Fotolia.com
Gesamtherstellung: Wochenschau Verlag
Gedruckt auf chlorfreiem Papier
ISBN 978-3-89974648-8

# Inhalt

Vorwort .................................................................... 5

Was sind und was wollen Rezensionen?
Erste Schritte ............................................................ 7

    Was sind Rezensionen?
    Wozu Rezensionen?
    Wozu rezensieren?
    Rezensionen als Einstieg in das wissenschaftliche Publizieren
    Wie werde ich eigentlich Rezensent?
    Rezensent und Verfasser – ein schwieriges Verhältnis

Kulturen des Rezensionswesens ........................................ 25

    Eine kurze Geschichte des Rezensionswesens
    Experten unter sich? Wissenschaftliche Rezensionen
    Treffpunkt Feuilleton
    Rezensionen im Netzzeitalter. Neue Wege?

Rezensionen finden ..................................................... 55

    Erste Anlaufstelle: die IBR
    Helfer für den Umgang mit Datenbanken und Suchmaschinen
    Kataloge und Literaturdatenbanken
    Historische Rezensionen

Mit Rezensionen arbeiten ............................................... 71

    Rezensionen lesen und bewerten
    Kritik lernen: Rezensionen im (Hochschul-)Unterricht

Rezensionen schreiben .......................................................... 83
  Lese- und Erarbeitungstechniken
  Form und Aufbau

Das Wesentliche in Kürze:
eine Zusammenfassung für den eiligen Leser ................... 125

Weiterführende Tipps und Links ........................................ 131

Beispielrezensionen ............................................................. 145

# Vorwort

Rezensionen prägen unsere Wissenschaftskultur seit ihrer selbsterklärten Geburtsstunde, der Aufklärung. Sie gehören mithin zu deren traditionsreichsten Textformen. Dennoch ist der gegenwärtige Umgang mit Rezensionen ein höchst eigenartiger. Während auf der einen Seite die Rezensionslandschaft in allen Disziplinen immer weiter anwächst, sich stetig neue Rezensionsorgane online wie im klassischen Print gründen, fehlt es der Rezension als Publikationsform weitgehend an Anerkennung. In Zeiten universitärer Exzellenzinitiativen beispielsweise, die Qualitäten häufig an der Quantität der Veröffentlichungen messen, spielt die Buchbesprechung oft nur eine Rolle als schmückendes Beiwerk. Auch in der wissenschaftlichen Ausbildung fristen sowohl ihre Potenziale für den wissenschaftlichen Erkenntnisgewinn als auch das Handwerkszeug ihrer Abfassung ein Schattendasein. Es herrscht also durchaus Orientierungsbedarf.

Dies sah auch Bernward Debus, Verleger des Wochenschau Verlages, so, als wir während der Bonner Konferenz für Geschichtsdidaktik im Oktober 2009 genau über diese Fragen ins Gespräch kamen. Aus einem zufälligen Treffen in der Hotellobby reifte schließlich die Idee, eine an der Praxis orientierte Einführung zu schreiben. Entstanden ist daraus nun ein Arbeitsbuch, in dem wir die vielen unterschiedlichen Varianten einer Rezension vorstellen, Aufbau- und Formulierungsvorschläge geben, Recherchetipps präsentieren und Arbeitsformen anempfehlen, aber auch eine knappe Geschichte des Rezensionswesens erzählen und zugleich einen Einblick in die Kulturen der gegenwärtigen Rezensionslandschaft geben.

Wir hoffen, so eine möglichst breite Zielgruppe der ganz unterschiedlichen akademischen und journalistischen Interessenten anzusprechen. Dank gilt in diesem Zusammenhang zum einen

Achim Eberspächer, Peter Hoeres, Frank Bösch, Benjamin Städter, Sergius Kodera, Andreas Pettenkofer und Stefanie Diekmann, die sich bereit erklärt haben, ihre Rezensionen als praktische Arbeitsbeispiele zur Verfügung zu stellen, und zum anderen Bernward Debus und Edith Beralli vom Wochenschau Verlag, die sich mit viel Geduld des Manuskripts, dessen Gestaltung und Idee angenommen haben.

München und Bielefeld im Juni 2011
Nicolai Hannig
Hiram Kümper

# Was sind und was wollen Rezensionen?
# Erste Schritte

*[handschriftliche Notiz: Inhalt + Bewertung]*

## Was sind Rezensionen?

Wissenschaft lebt vom Streit. Von einem gepflegten zwar, der sich (hoffentlich) an einen konstruktiven, kollegialen Ton hält. Aber ohne Dissens ist wissenschaftlicher Erkenntnisfortschritt eigentlich nur schwer denkbar. Der Münsteraner Zeithistoriker Klaus Große Kracht hat *drei Grundformen wissenschaftlicher Streitkultur* unterschieden: die *Kritik*, die *Kontroverse* und die *Debatte* (Große Kracht 2009). An allen dreien kann die Rezension Anteil haben; regelmäßig jedenfalls hat sie es selbstverständlich am Erstgenannten, der Kritik.

Aber was heißt das eigentlich? Obwohl die Rezension als Textsorte aus der wissenschaftlichen – vielleicht sogar auch der nichtwissenschaftlichen – Literaturlandschaft nicht mehr wegzudenken ist, gibt es eigentlich *kaum eine verbindliche Definition* und sind die konkreten Formen, die sich hinter diesem Dachbegriff verstecken, nur allzu vielfältig. Sie alle haben aber zwei Elemente gemeinsam: Sie geben den Inhalt des zu besprechenden Werkes (im Idealfall) kondensiert wieder und bewerten ihn. Rezensionen sind also *Metanarrative*. Und als solche sind sie verwandt mit allen anderen Arten der wissenschaftlichen Auseinandersetzung – vom Aufsatz bis zur Monografie.

Im Gegensatz zum Aufsatz oder zur Monografie versteckt sich die Kritik der Rezension aber nicht zwischen im Zweifelsfall ausladenden Seitenzahlen, sondern ist sehr zielgerichtet und damit in ganz anderem Maße öffentlich. Deshalb wohnt ihr ein so ungeheures *kritisches Potenzial* mit mitunter kaum zu ahnenden Folgen inne – bis hin zu solch extremen Fällen wie dem des ehemaligen Bundesverteidigungsministers, der im Frühjahr 2011 über den Plagiatsvorwurf einer Rezension seiner Dissertation zu stolpern begann und ziemlich rasch auch stürzte (Fischer-Lescano 2011; „Der Fall zu Guttenberg" 2011).

Aber auch abseits von solchen skandalträchtigen Enthüllungen, auf einer sehr alltäglichen Ebene sind Rezensionen ein wichtiges Steuerungs- und Qualitätssicherungsinstrument der wissenschaftlichen Landschaft. Der „soziale Sinn wissenschaftlichen Arbeitens besteht" ja gerade, wie die Germanistin Barbara Sandig einmal formuliert hat, „darin, in einem relevanten Bereich einer Wissenschaftlergemeinschaft Neues mitzuteilen und/oder sie überblickshaft oder zusammenfassend über einen Themenbereich zu informieren und/oder kritisch mit Neuem und Älterem auseinanderzusetzen" (Sandig 1997, 28). Und dabei nehmen Rezensionen einleuchtenderweise einen wichtigen Platz ein.

Gegenwärtig findet sich kaum eine wissenschaftliche Zeitschrift, die nicht regelmäßig oder zumindest gelegentlich Buchbesprechungen veröffentlicht. Daneben finden wir in nahezu allen Disziplinen eigene Rezensionsjournale, die ausschließlich Rezensionen und Sammelbesprechungen drucken. Hinzugekommen sind in den letzten Jahren unzählige Internetforen, die sich mit ihren neuen Publikations- und Distributionswegen zu wichtigen Institutionen ihrer Disziplin entwickeln konnten.

### Wozu Rezensionen?

Schauen wir dabei genauer auf die Funktionen der Rezension oder auch des Rezensionswesen an sich, so erkennen wir recht bald mehrere unterschiedliche Akteure, die am Zustandekommen dieser sozialen Institution beteiligt sind und für die sich die Interessen, mit denen sie mit Rezensionen hantieren, durchaus unterscheiden. Zu ihnen zählen neben den Rezensentinnen/Rezensenten die Leserinnen/Leser, die Autorinnen/Autoren oder Herausgeberinnen/Herausgeber des besprochenen Werkes, die Verlage und schließlich die verantwortlichen Redaktionen.

*Wozu Rezensionen?*

Gliedern wir also die Funktionen nach den beteiligten Akteuren, so lassen sich insgesamt fünf Ebenen unterscheiden (Modell nach Mey 2004; Kähler & Koch 2003):

### 1. Leserebene

Als Leserin und Leser von Rezensionen möchte man in erster Linie über Neuerscheinungen informiert werden und zugleich Empfehlungen bekommen. Da der (wissenschaftliche) Buchmarkt mittlerweile derart expandiert ist, bietet die systematische Lektüre von Buchbesprechungen oft die einzige Möglichkeit, einen Überblick über die eigene Disziplin zu behalten. Darüber hinaus können Leserinnen und Leser immer wieder auch auf eher abgelegene Publikationen kleinerer Verlage aufmerksam werden, die sich sonst aufgrund fehlender Werbung der Aufmerksamkeit entzogen hätten.

### 2. Rezensentenebene

Der Rezensent bzw. die Rezensentin wird als Experte bzw. Expertin in einem bestimmten Themenfeld sichtbar. Zudem können sie sich positionieren, indem sie Thesen bilden, andere wiederum verwerfen. Honorare gibt es außer dem Rezensionsexemplar in der Regel keine (darauf wird noch genauer eingegangen).

### 3. Autoren-/Herausgeberebene

Für Autorinnen/Autoren oder Herausgeberinnen/Herausgeber hat das Rezensionswesen zum einen die Funktion, das eigene Werk bekannt zu machen und so als Expertin oder Experte in der Scientific Community aufzutreten. Zum anderen wird die eigene Arbeit kritisch gewürdigt und erzielt so bestenfalls ein höheres Renommee.

### 4. Verlagsebene

Für Verlage zählt in erster Linie das Marktprinzip. Ihnen ist es wichtig, dass ein Buch über Rezensionen bekannter wird und sich infolgedessen besser vertreiben lässt. Rezensionen können daher eine fast kostenlose Werbung sein, die sich im Falle einer positiven Bewertung auf Buchrücken, Verlagshomepages oder in Prospekte drucken lässt.

### 5. Redaktionsebene

Redaktionen üben vor allem eine Selektionsfunktion aus. In der Regel bestimmen sie, welches Buch an wen zur Rezension vergeben wird. Andererseits sind aber auch sie gewissen Marktmechanismen ausgesetzt. So liegt es an ihnen, attraktive und relevante Bücher anregend und interessant besprechen zu lassen, um das eigene Journal oder den eigenen Rezensionsdienst zu behaupten.

Der Schwerpunkt dieses Buches soll vor allem auf der hier als Zweites genannten, der Rezensentenebene liegen. Denn irgendjemand verfasst ja all diese Rezensionen, die im Idealfall so wunderbar produktiv für das Fortkommen von Wissenschaft sind. Wer tut das? Und warum tut sie oder er das? Die Frage brennt:

### Wozu rezensieren? *Auftragsarbeite*

Dieses Buch will ein Arbeitsbuch sein, es soll nicht nur die Arbeit mit, sondern auch das Verfassen von Rezensionen seinen Leserinnen und Lesern nahebringen. Aber warum eigentlich? Warum sollte man sich überhaupt bemüßigt fühlen, Rezensionen zu verfassen? Oder, ganz pointiert gesagt: Was hab' ich davon?

Gleich zu Anfang sollte dabei auch ein Missverständnis ausgeräumt werden: *Rezensionen sind kein Akt der Menschenfreundschaft*, sie sind kein Missionswerk – oder sollten es zumindest nicht sein. Sie sind Teil des wissenschaftlichen Erkenntnisprozesses und all seiner Peripherien, an dem Rezensentinnen und Rezensenten im Idealfall ebenso produktiv teilhaben wie die Verfasserinnen und Verfasser der von ihnen besprochenen Werke. Zu den spezifischen Funktionen des Rezensionswesens zählen also die *Information* (welche Neuerscheinungen gibt es?), *Vermittlung* (welche Themen behandeln aktuelle Veröffentlichungen?), *Selektion* (welches sind die relevanten Publikationen?) und *Kommunikation* (welche Trends herrschen vor und welche Bedeutung kommt ihnen zu?).

Dass die Realität oft anders aussieht, steht auf einem anderen Blatt. Das heißt aber auch: Rezensionen sind Teil eines in ganz unterschiedlichen Institutionen stattfindenden Wissenschaftsbetriebs. Und wer in einem Betrieb arbeitet, der muss sich (1.) zumindest grundlegend an die Regeln halten, zumal (2.) an einem gemeinsamen Produkt (hier nämlich: Wissenschaft) gearbeitet wird – und er wird dafür (3.) in der Regel entlohnt. Gerade dieser letzte Punkt kann im Einzelfall unterschiedlich ausfallen, sollte aber nicht übergangen werden. Rezensionen sind grosso modo *Auftragsarbeiten*. Sie werden in aller Regel nicht ein Werk eigenständig kaufen, dann besprechen und die Rezension schließlich eigenständig auf einer Internetseite veröffentlichen – das wäre dann beispielsweise ein solches Missionswerk; und von denen finden wir gerade im Bereich der *Literatur*kritik erstaunlich viele im Internet –, sondern Sie werden für eine Zeitung, Zeitschrift oder Internetplattform, d.h. in deren Auftrag, eine Besprechung des jeweiligen Werkes anfertigen.

> **Lektüretipp:** Rezensieren als (Neben-)Beruf
>
> Thomas Anz: Literaturkritik als (Neben-)Beruf. Informationen und Anleitungen zur Praxis, in: Thomas Anz und Rainer Baasner (Hrsg.): Literaturkritik. Geschichte – Theorie – Praxis, München 2004, S. 220-236
>
> Der Beitrag befasst sich zwar maßgeblich mit *Literatur*kritik, wird aber ebenso für alle Rezensentinnen und Rezensenten wissenschaftlicher Literatur interessant sein, die diese Arbeit zum journalistischen Nebenberuf machen wollen. Die Aussichten sind freilich, darüber muss man sich im Klaren sein, noch deutlich schlechter als auf dem Sektor der schönen Literatur, weil auch Zeitungen und Publikumspresse sich dafür in der Regel einzelne Wissenschaftlerinnen und Wissenschaftler „einkaufen" statt eine(n) Redakteur(in) oder auch nur halbwegs regelmäßige(n) freie(n) Mitarbeiter(in) dafür zu beschäftigen.

Die Entlohnung für diese Arbeit ist in der Regel das *Rezensionsexemplar*. Gerade Promovierende und andere Nachwuchswissenschaftler/innen werden das als einen ganz handfesten Nebeneffekt des Rezensierens zu schätzen wissen: Besprechungsexemplare sind kostenlos und verbleiben – *anstelle eines Honorars*, das kaum mehr eine Fachzeitschrift, wohl aber noch besonders die überregionalen Zeitungen zahlen – im Besitz des Rezensenten bzw. der Rezensentin. Das ist angesichts der oft kaum mehr erschwinglichen Preise – vor allem der hochspezialisierten Fachliteratur – eine willkommene Gelegenheit, an wichtige, für die eigene Arbeit einschlägige Literatur für das eigene Bücherregal zu gelangen. Und das ist natürlich durchaus auch ein legitimes Interesse – solange es nicht zum Selbstzweck wird.

Damit sind wir aber schon bei einem Punkt angelangt, der von der gerade in den letzten Jahren wieder erstaunlich anwachsenden Ratgeberliteratur rund um die Promotion und den Einstieg in die wissenschaftliche Laufbahn immer wieder hervorgehoben wird, nämlich:

## Rezensionen als Einstieg in das wissenschaftliche Publizieren

### Und andere Gründe, warum Rezensieren eine gute Sache ist

Genauso – ohne den Titelnachsatz natürlich – heißt etwa ein Beitrag von Rudolf Lüthe im frisch erschienenen Band *Publizieren während der Promotion*, und auch das sehr hilfreiche, von Ansgar Nünning und Roy Sommer herausgegebene *Handbuch Promotion* titelt ganz ähnlich. Woher kommt das?

**Lektüretipp:** Rezensionen als Einstieg in das Publizieren

Janine Hauthal: Die Rezension als Einstieg ins wissenschaftliche Schreiben und Publizieren, in: Ansgar Nünning und Roy Sommer (Hrsg.): Handbuch Promotion. Forschung – Förderung – Finanzierung, Stuttgart 2007, S. 205-210

Rudolf Lüthe: Ein Einstieg in das wissenschaftliche Publizieren, in: Kathrin Ruhl, Nina Mahrt und Johanna Töbel (Hrsg.): Publizieren während der Promotion, Wiesbaden 2010, S. 61-64

Rudolf Lüthe nennt gleich zu Anfang vier Gründe, die für eine Rezension als guten Einstieg in das wissenschaftliche Publizieren sprechen (Lüthe 2010, 61):
— sie sind vergleichsweise kurz, entsprechend weniger zeitraubend als etwa ein Aufsatz und lenken also „nicht wesentlich von der Arbeit an der Dissertation ab";
— zu dieser Arbeit gehört ohnehin eine Auseinandersetzung mit einschlägiger, zumal neuer Forschungsliteratur – und die kann so gleichsam „mit einem Streich" erfolgen; idealerweise
— können sogar „einzelne Textstücke aus dieser Rezension (…) in die entsprechenden (Einleitungs-)Kapitel der Dissertation übernommen werden"; und schließlich
— winkt ein kostenfreies Rezensionsexemplar. Dieser Punkt ist schon genannt worden.

Janine Hauthal nennt im *Handbuch Promotion* (2007, 205) gleich sechs gute Gründe, die sich mit den soeben genannten in wesentlichen Punkten decken, fügt aber hinzu:
— Rezensionen schärfen das Textensortenbewusstsein und helfen dabei, ein „intuitives Verständnis von Qualitätskriterien zu entwickeln"; ferner
— durchlaufen sie in der Regel keinen langwierigen Review-Prozess, sodass man „die eigene Publikationsliste relativ rasch erweitern" kann; und schließlich
— tragen Rezensionen zur eigenen wissenschaftlichen Profilierung, zur „Aufnahme oder Pflege wissenschaftlicher Kontakte und Netzwerke" bei.

Alle genannten Punkte – die von Lüthe angeführten ebenso wie diejenigen von Hauthal – haben ihre Berechtigung. Wir wollen uns aber mit ihnen noch etwas genauer auseinandersetzen, zumal sie im Einzelfall durchaus nicht nur auf Nachwuchswissenschaftlerinnen und -wissenschaftler zuträfen.

Eine ganz wichtige Funktion, die Rezensionen für den Rezensenten bzw. die Rezensentin – also für Sie! – erfüllen können, ist die *Selbstdisziplinierung:* sie zwingt Sie zur vertieften Auseinandersetzung mit einem Werk und dessen Kontext in seiner ganzen Breite. Es schickt sich nicht, das offen auszusprechen, macht es aber nicht weniger wahr. In einer Zeit, in der immer mehr Graduiertenschulen und Promotionsstudiengänge Kurse in Zeitmanagement und Ähnlichem anbieten, darf das möglicherweise einmal gesagt werden: Manchmal neigt man dazu, wichtige Lektüren vor sich herzuschieben oder nur schluderig hinter sich zu bringen. Mit einer Buchbesprechung können Sie sich das nicht erlauben! Deshalb kann ein entsprechender Rezensionsauftrag im Hinterkopf sehr heilsame Effekte haben.

Diese Auseinandersetzung mit Fachliteratur trägt zweitens ganz ohne Frage – und auch ganz gleich, ob selbstdisziplinierend-erzwungen oder beglückt-freiwillig – zum routinierten Umgang mit derselben bei, schärft die *Entwicklung von reflektierten Qualitätskriterien,* den *Blick für Strukturen* und die *Fähigkeit zu konzisen Zusammenfassungen.* Diese drei Qualitäten sind absolut entscheidend für gute Rezensionsarbeit ebenso wie für jede wissenschaftliche Arbeit überhaupt. Und das sind Qualitäten, die man entwickeln und einüben muss: erfahrungsgemäß auch deutlich über die Promotion hinaus.

Abseits von der Arbeit am Selbst können Rezensionen fraglos auch zum Knüpfen wissenschaftlicher Kontakte und zur *Netzwerkbildung* beitragen. Das hat natürlich ein gewisses problematisches Potenzial: denn rasch wittert, wer den Begriff ‚Netzwerk' hört, Gefälligkeitsbesprechungen und offensichtlich ‚karrierepolitisches' Rezensieren – vielleicht auch nicht immer zu Unrecht.

**Lektüretipp:** Wissenschaftliche Netzwerke

Jürgen Rauter: Textvernetzung und Zitationsnetzwerk, in: Heiner Fangerau u.a. (Hrsg.): Netzwerke. Allgemeine Theorie oder Universalmetapher in den Wissenschaften? Ein transdisziplinärer Überblick, Bielefeld 2009, S. 247-263

Man kann das freilich auch einen Level tiefer ansetzen und positiv wenden: Gerade Nachwuchswissenschaftler/-innen haben durch eine kenntnisreiche, gut abgefasste Besprechung innerhalb des Diskurses, in den sie mit ihrer Arbeit erst treten wollen, eine gute Chance, *erstmals namentlich aufzufallen* – besonders natürlich bei der oder dem besprochenen Verfasser/-in. Die bekommen nämlich vom Verlag jeweils Kopien der Belegexemplare Ihrer Rezension, die von der Zeitschriftenredaktion dem Verlag als Gegenleistung für die Rezensionsexemplare zugestellt werden müssen. Erfahrungsgemäß sind zwar die Verlage unterschiedlich sorgsam im Versand dieser Kopien, aber dennoch: Wenigstens mit einem Leser können Sie in der Regel rechnen – dem Verfasser bzw. der Verfasserin.

Schlussendlich mag es der einen oder dem anderen auch erstrebenswert sein, dem eigenen sogenannten *publication record*, also der Liste wissenschaftlicher Veröffentlichungen, einen neuen Datensatz hinzuzufügen – ganz im Sinne der (ziemlich schrecklichen) Devise: „Publish or perish". Das ist ein legitimes Anliegen. Wenn dann aber die Zahl der geschriebenen Rezensionen wächst und sonst nicht viel hinzutritt, sollte man sich fragen, ob die Zeit nicht besser in einen Aufsatz oder die Arbeit an der Dissertation bzw. anderen Forschungsaufgaben investiert ist. Hier wie so oft heißt es: maßhalten und selbst vernünftig abwägen. Denn die Rezension ist (man kann mit Recht sagen: leider) ja beileibe keine besonders angesehene Textgattung.

Das schlägt sich im Übrigen auch dort nieder, wo es ans Quantifizieren geht. Bisher nur an manchen deutschen Hochschulen werden Publikationsleistungen auch explizit an die Evaluation des wissenschaftlichen Personals gebunden und beispielsweise bei der Berechnung von Zuschüssen zu den Kostenstellen gewichtet. Es mag aber gut sein, dass das in Zukunft noch zunimmt. Bislang jedenfalls werden dort, wo es schon geübt wird, gerade Rezensionen häufig nicht in die Erhebung mit aufgenommen, streng genommen also nicht als wissenschaftliche Leistung gewürdigt.

Wenn Sie nun zu der Entscheidung gelangt sind, dass das

> **Linktipp:** Artes liberales. Eine geistes- und sozialwissenschaftliche Rezensionszeitschrift von und für Studierende und Doktorandinnen und Doktoranden
>
> http://www.artesliberales-online.com
>
> Die Rezensionszeitschrift Artes liberales wurde 2007 von Doktorandinnen und Doktoranden der Universität Marburg gegründet. Hier ist explizit „jede/r Wissenschaftler/in" aufgefordert, sich als Rezesent/-in zu beteiligen.

Schreiben einer Rezension für Sie weiterführend und erstrebenswert ist, bleibt noch die Frage: Wie realistisch ist die Möglichkeit, tatsächlich darüber einen Einstieg in das wissenschaftliche Publizieren zu erlangen? Und die Antwort ist ziemlich eindeutig: sehr realistisch. In der Tat sind beinahe alle wissenschaftlichen Zeitschriften ständig auf die Rekrutierung neuer Rezensentinnen und Rezensenten angewiesen. Und in der Tat sind gerade Nachwuchswissenschaftler/-innen aus redaktioneller Sicht keine unwillkommenen Mitarbeiter. Das hat nicht nur ideelle (Stichwort „Nachwuchsförderung"), sondern auch ganz handfest-praktische Gründe. Denn in der Regel arbeiten sie (noch) pünktlich und formgerecht, haben weder den professoralen Habitus noch die professoralen Pflichten, die beide häufig genug dazu führen, dass Rezensionsexemplare lange Zeit beim Rezensenten liegen bleiben – was natürlich nicht im Interesse der Redaktion sein kann.

Die Chancen sind also nicht schlecht. Und deshalb stellt sich eigentlich nur noch die Frage:

### Wie werde ich eigentlich Rezensent?

Drei Wege führen zur eigenen Rezension, nämlich
- der *Vorschlag* einer anderen Wissenschaftlerin oder eines anderen Wissenschaftlers,
- die Meldung auf ein *Rezensionsangebot* oder
- die *individuelle Anfrage* bei einer Redaktion.

## Wie werde ich Rezensent?

Der einfachste, aber eben nicht allen beschiedene Weg ist sicherlich der *Vorschlag*. In der Regel passiert das durch einen Fachwissenschaftler oder eine Fachwissenschaftlerin, der bzw. die durch eine kurze Nachricht die Zeitschriftenredaktion auf Sie als potenzielle(n) Rezensenten bzw. Rezensentin hinweist. Erfahrungsgemäß wird das von Redaktionen gern angenommen, weil die *persönliche Empfehlung*, die damit verbunden ist, noch immer viel zählt. Außerdem entfällt damit für die Redaktion die oft mühsame Arbeit, einen kompetenten Rezensenten bzw. eine kompetente Rezensentin zu finden und anzufragen. Dieses letzte Argument gilt allerdings für alle aktiven Rezensionsnachfragen, was Sie dazu ermutigen sollte, auch einen der anderen Wege zu wählen.

Wichtiger wird der Vorschlag bzw. die Empfehlung mit zunehmendem Renommee der Zeitschrift oder bei umfassenden Anfragen, wie etwa besonders teuren, mehrbändigen Werken oder dem Plan einer *Sammelrezension*. Gerade als Nachwuchswissenschaftler/-in besteht leider zunächst wenig Hoffnung, eigenständig auf Anfrage von einer Redaktion einen solchen Auftrag zu ergattern, wenn nicht anderweitig (z.B. über Doktorvater bzw. -mutter) einschlägige Kontakte bestehen. Sind solche Kontakte vorhanden, ist das aber eine gute Gelegenheit, sie einmal zu aktivieren. Fassen Sie den Mut, Ihre Betreuerin bzw. Ihren Betreuer darauf anzusprechen. Vielleicht ergeben sich dadurch noch einmal andere Möglichkeiten. Denn oft haben viel beschäftigte Professorinnen und Professoren solche Interessen ihrer Schützlinge gar nicht präsent und es schadet nichts, sie einmal ins Blickfeld zu rücken. Oft fallen dann Schuppen von den sprichwörtlichen Augen und interessante Möglichkeiten ein.

Um einer Zeitschriftenredaktion einen potenziellen Rezensenten bzw. eine Rezensentin vorzuschlagen, muss man im Übrigen kein international renommierter Fachvertreter sein. Auch die Assistentinnen und Assistenten am Lehrstuhl oder andere Vertreter/-innen des Mittelbaus haben oft gute Kontakte zu einzelnen Zeitschriften, für die sie selbst schon besprochen haben. Nur Mut!

Mut werden Sie selbstverständlich anfangs auch brauchen, um eine *Redaktion anzuschreiben* und ein Buch zur Besprechung sowie sich selbst als Rezensent/-in vorzuschlagen. Ein *kurzes, formloses Anschreiben,* in der Regel problemlos auch per E-Mail, reicht da aus. Ein Beispiel, das tunlichst noch durch ‚etwas Mensch' als Beigabe individualisiert werden sollte, könnte etwa das folgende sein.

> Sehr geehrte Dame, sehr geehrter Herr,
>
> gestatten Sie, dass ich mit einer Anfrage an Sie herantrete. Unlängst bin ich durch eine Verlagsankündigung auf den neu erschienenen Band von
>
> xxx [vollständige bibliografische Angabe; ISBN nicht vergessen]
>
> aufmerksam geworden. Wäre das Buch nicht für den Rezensionsteil der xxx [Name der Zeitschrift] von Interesse? Wenn dem so wäre und das Buch nicht bereits zur Besprechung vergeben ist, würde ich mich freuen, das zu übernehmen. Ich beschäftige mich seit längerem im Rahmen meines Dissertationsprojekts an der Universität xxx mit der Sache und wäre gespannt, wie xxx sie angeht [oder ein anderer Satz – nicht mehr, nicht zu kompliziert – zur eigenen Qualifikation].
>
> Mit besten Grüßen,
>
> Ihr(e) xxx
>
>
> [Adresse, möglichst Dienst-, nicht Privatadresse]

Seien Sie nicht zu ausführlich und machen Sie sich nicht zu viele Gedanken über die Darlegung der eigenen Qualifikation – niemand will hier ausladende Selbst- oder Fremdgutachten lesen. Jede Überkomplexität und jedes Herumlavieren wirkt nicht nur unsicher, sondern auch unprofessionell – was, wenn Sie sich als Beiträger/-in einer wissenschaftlichen Zeitschrift anbieten, ein denkbar ungünstiger Eindruck wäre. Wenn Sie eine Bindung zu dem Thema haben, wird sich das in der Regel in einem Satz auch knapp so sagen lassen.

Es versteht sich von selbst, dass ein Eigenvorschlag nicht immer zum Ziel führt und mehr Erfolgschancen hat, je mehr der vorgeschlagene Band für die jeweilige Zeitschrift und ihre Leserschaft von Interesse ist. Daraus ergibt sich auch, dass es kaum Sinn hat, ein Buch zur Besprechung vorzuschlagen, das bereits vor mehr als einem Jahr erschienen ist. Außerdem liegen spezialisiertere Blätter für den Anfang in der Regel näher als sehr allgemein gehaltene Disziplinenzeitschriften.

> **Linktipps:** Wissenschaftliche Zeitschriften finden
>
> Sie werden die für Sie und Ihr Arbeitsgebiet einschlägigen Zeitschriften im Zweifel kennen. Wenn Sie dennoch einmal, zumal auch international, auf die Suche gehen möchten, empfehlen sich zwei Einstiegspunkte. Erschöpfend ist keiner von beiden – aber eine gute Hilfe.
>
> European Reference Index for the Humanities
>
> http://www.esf.org/research-areas/humanities/erih-european-reference-index-for-the-humanities
>
> Hier finden sich große Zeitschriftenlisten, geordnet nach Fächergruppen, für das Zeitschriftenranking der European Science Foundation. Diese Listen, vor allem aber das damit verbundene Ranking, werden sehr kontrovers diskutiert und natürlich werden nicht sämtliche Zeitschriften eines Fachgebiets darauf gelistet – jedenfalls aber sind sie ziemlich umfassend.
>
> Elektronische Zeitschriftenbibliothek (EBZ)
>
> http://rzblx1.uni-regensburg.de/ezeit/search.phtml?bibid=kit
>
> Dieses zentrale Verzeichnis elektronisch zugänglicher Zeitschriftenbestände, das auch von den meisten OPACs deutscher Hochschulbibliotheken genutzt wird, verzeichnet eine große Anzahl von Zeitschriften – aber eben nur solche, die ganz oder auch elektronisch zugänglich sind –, geordnet nach Fächergruppen und mit Suchfunktion.

Hat es mit der ersten Besprechung erst einmal geklappt, kann die Sache auch zum Selbstläufer werden: Sind Sie einmal einer Redaktion als potenzielle Rezensentin bzw. potenzieller Rezensent bekannt, ist es nämlich durchaus üblich, Ihnen mehr oder minder regelmäßig entweder ganze Listen eingegangener Bücher oder aber unmittelbar auf Sie zugeschnittene Rezensionsangebote einzelner Titel zukommen zu lassen. Denn viele Redaktionen halten sich ihren Rezensent(inn)enstamm gern warm, um nicht für jeden neu eintreffenden Titel erst auf die Suche nach einer geeigneten Rezensentin bzw. einem Rezensenten gehen zu müssen. Das hängt aber sehr vom jeweiligen Publikationsorgan ab.

---

**Vom gemeinsamen Interesse an der Sache zur gedruckten Rezension: ein typischer Redaktionsgang**

Sie interessieren sich für ein Buch und *fragen bei einer Redaktion* an, ob Interesse an einer Besprechung bestehe

↓

Ihre Anfrage wird geprüft und ggf. der Auftrag zur Rezension erteilt

↓

Sie sind der Redaktion (aus welchen Gründen auch immer) bekannt und bekommen ein Buch zur Besprechung *angeboten*

↓

*Die Redaktion bestellt für Sie ein Rezensionsexemplar*, das Ihnen entweder direkt vom Verlag oder mit Umweg über die Redaktion zugeht

↓

Sie fertigen die Besprechung an und reichen sie *fristgerecht* ein (beachten Sie genau die *formalen Vorgaben*, vor allem die Länge!)

↓ ↓

Sie bekommen eine *Korrekturfahne* Ihrer Besprechung und nehmen letzte nötige Korrekturen vor

Sämtliche redaktionellen Arbeiten bleiben in der Redaktion

↓ ↓

Ihre Rezension erscheint und Sie erhalten einen (häufig heute nur noch digitalen) oder mehrere Sonderdruck(e), manchmal auch ein Exemplar des Zeitschriftenheftes; der Verlag des besprochenen Werkes wiederum erhält ein Belegexemplar Ihrer Rezension und leitet es an den Verfasser bzw. die Verfasserin weiter

> **Tipp:** Rezensionen und Tantiemen von der VG-Wort
>
> Die Verwertungsgesellschaft (VG) Wort nimmt die Rechte von Autorinnen/Autoren wahr und schüttet jährlich Tantiemen an sie aus. Das gilt auch für wissenschaftliche Autorinnen/Autoren – und auch für Rezensentinnen/Rezensenten. Bedingung ist, dass Sie Ihre Verwertungsrechte überhaupt von der VG Wort wahrnehmen lassen; dafür muss ein Vertrag abgeschlossen werden. Kosten entstehen Ihnen für diese Vertretung nicht. Die zweite Bedingung, um überhaupt an einer Ausschüttung teilnehmen zu können, ist, dass der jeweilige Text – also auch Ihre Rezension – mindestens zwei Normseiten, das heißt 3.000 Zeichen, umfasst. Das ist für Rezensionen nun nicht immer, aber häufig genug gegeben.
>
> Seit Kurzem können im Übrigen auch Online-Texte (und also auch -Rezensionen) geltend gemacht werden. Dafür müssen sogenannte „Zählpixel" eingefügt werden, die die „Hits" (die Anzahl der Besuche auf der jeweiligen Seite) zählen. Im Umkehrschluss heißt das: Das funktioniert nicht von selbst; das jeweilige Online-Rezensionsorgan muss sich um die Bereitstellung dieser Zählpixel kümmern. Große Online-Rezensionsorgane, wie etwa SEHEPUNKTE oder H-Soz-u-Kult, tun das aber bereits. Auf deren Internetseite erhalten Sie auch weitere Informationen zum Verfahren.
>
> Mehr Informationen und Formulare für den Wahrnehmungsvertrag unter http://www.vgwort.de

## Rezensent und Verfasser – ein schwieriges Verhältnis

Im April 2010 berichtete DIE ZEIT über den britischen Historiker Orlando Flings, der unter dem Namen „Historian" zahlreiche Kundenrezensionen beim Online-Händler Amazon verfasst hatte, in denen er reihenweise Fachkolleginnen/-kollegen verriss (Die Zeit, 29.4.2010). Das ist nur einer unter Dutzenden von „Rezensionsskandalen", die immer einmal wieder aufgedeckt werden und vermutlich leider ziemlich tagtäglich passieren. Dass jedenfalls Flings sich veranlasst sah, sich und seine Kritik hinter einem

Pseudonym zu verstecken, verweist auf ein sehr grundlegendes Dilemma, dem sich auch die redlichste wissenschaftliche Buchkritik zu stellen hat: die *offen vorgetragene Meinungsverschiedenheit*.

Natürlich kann es (und vermutlich: wird es) Ihnen passieren, dass Sie mit einer Verfasserin bzw. einem Verfasser vollständig übereinstimmen oder nur Marginalien, etwa formaler Natur, auszusetzen haben. Es wird aber genauso immer wieder vorkommen, dass Sie in einzelnen oder sogar sehr grundsätzlichen Punkten anderer Meinung sind oder sie sogar für schlichtweg falsch halten. Darauf baut das gesamte Rezensionswesen auf – und im Grunde entfaltet es auch nur dadurch seine besondere Qualität und seine Funktion als Korrektiv für den Wissenschaftsbetrieb. Wenn Kritik überflüssig wäre, bräuchten wir nur noch Abstractdatenbanken. Nun liegt es aber in der Natur des Menschen, dass der offen vorgetragene Dissens nur selten von dem oder der so Kritisierten freudig angenommen wird; viel häufiger wird er als Angriff auf die eigene Arbeit oder – schlimmer noch – auf die eigene Person interpretiert. Ob zu Recht oder nicht, spielt dabei eine untergeordnete Rolle: Umgehen werden Sie als angehende(r) Rezensent(in) damit müssen. Nun gibt es *zwei grundsätzliche Arten, mit Dissens umzugehen:*

Entweder *Sie legen die Meinungsunterschiede offen dar* und stellen sehr deutlich fest, dass Sie Ihren Standpunkt für den richtigen, den anderen für falsch halten. Oder aber *Sie versuchen die Meinungsunterschiede hinter ausweichenden Formulierungen zu verstecken oder zu minimieren,* im Extremfall schlicht zu verschweigen, und sind bemüht, den Konsens zwischen Ihnen und dem besprochenen Werk in den Vordergrund zu rücken.

Zwischen diesen zwei Extremen stehen unendlich viele *Schattierungen und Zwischentöne* – und die zu treffen, ist die Kür einer guten Rezension. Auch fundamentale Kritik kann sachlich vorgetragen und von einer Würdigung der positiven Seiten begleitet werden. Im Praxiskapitel zur Abfassung von Rezensionen (S. 83-124) wird noch Gelegenheit sein, darüber ausführlicher zu sprechen.

> **Lektüretipp:** Von den sieben Typen wissenschaftlichen Rezensierens
>
> Frank Bardelle: Formen der kritischen Auseinandersetzung oder: Wie man Urteile über wissenschaftliche Neuerscheinungen verhängt, in: Zeitschrift für Soziologie 18 (1989), S. 54-64
>
> Bardelle macht insgesamt sieben „typische Rezensionsgestalten" (S. 54) aus, etwa den „Sparringspartner", „Hase und Igel" oder „Knock-out" – wo finden Sie sich wieder?

Bedenken Sie aber, dass auch eine *positive Besprechung wider besseren Wissens* Ihre Probleme keineswegs aus dem Weg schafft, sondern nur verschiebt: dann nämlich werden andere Fachwissenschaftlerinnen/-wissenschaftler, denen die Mängel ja ebenso wie Ihnen vermutlich nicht entgangen sein werden, Sie bestenfalls für wenig kompetent und schlimmstenfalls (und das – schlimmer noch – zu Recht) für einen Ja-Sager halten. Und das kann Ihnen genauso, wenn nicht mehr schaden, als wenn ein einzelner Verfasser bzw. eine einzelne Verfasserin Ihnen wegen einer schlechten Besprechung grollt.

Sie befinden sich also unausweichlich in einem *Dilemma* zwischen den Problemen, die Ihnen eine negative Besprechung einbringen könnte und dem Rückgrat, Dinge, die kritisiert gehören, auch als solche zu benennen.

Ein altkluger Rat im Sinne von „Wer nicht wagt, der nicht gewinnt" oder „Vernunft wird sich schon durchsetzen" scheint hier unangebracht. Beides bewahrheitet sich nämlich leider in der akademischen Realität häufig nicht. Sie müssen selbst abwägen, was Sie vertreten können und was nicht. Die Folgen abzuschätzen, ist oft der schwierigste Teil der Sache, denn es ist ja durchaus nicht sicher, ob all Ihre schlimmsten Befürchtungen tatsächlich eintreffen. Aber Vorsicht schadet nicht und auch aus gleich wie hehren Motiven heraus Ihr wissenschaftliches Weiterkommen aufs Spiel zu setzen, kann kaum von Ihnen verlangt werden. In diesem Fall kann, ganz pragmatisch, die *Rückgabe des Rezensionsauftrages* eine letzte Lösung sein. Erfahrungsgemäß akzeptieren das Zeitschriften mehr oder minder problemlos. Dabei gilt aber mit Blick auf die Redaktion, die dann einen Ersatz finden oder sich mit dem Verlag absprechen muss, die dringende Bitte: Zögern Sie in diesem Fall nicht zu lange damit.

Das alles soll Sie nicht abschrecken: Das Rezensionshandwerk ist ein mühsames, aber fruchtbares. Und Sie werden eine Menge davon lernen. Wir würden uns freuen, wenn wir Ihnen den ersten Schritt dorthin erleichtern könnten.

# Kulturen des Rezensionswesens

### Eine kurze Geschichte des Rezensionswesens

Das Rezensionswesen ist im Grunde beinahe so alt wie das Schrifttum selbst. Seitdem es Literatur gibt, sei sie schön oder belehrend, gibt es auch die Literaturkritik. Die Wurzeln des heute so selbstverständlich gewordenen, wohl organisierten Systems von Buchbesprechungen reichen demzufolge bis weit in die Gelehrtenwelt der Antike zurück, etwa bis in hellenistische Zeiten, in denen wir bereits kritische Auseinandersetzungen mit den Epen Homers oder Reflexionen über deren Vorzüge gegenüber den Texten Hesiods finden. Jünger dahingegen ist die Geschichte periodisch erscheinender Schriften, die Rezensionen enthielten oder gar eigens als Rezensionszeitschriften konzipiert waren. Sie ist in vieler Hinsicht eng mit der Entwicklung des Buchdrucks seit dem 15. Jahrhundert verbunden. Denn schon zur Mitte des 16. Jahrhunderts war der deutsche Buchmarkt derart expandiert, dass es bestimmter *Messkataloge* bedurfte, die Neuerscheinungen verzeichneten und interessierte Leserinnen und Leser über laufende Bücherangebote informierten.

Die Entstehung des wissenschaftlichen Rezensionswesens geht nun genau auf diese Formen der bibliografischen Aufbereitung zurück. So schienen schlichte Ankündigungen den Ansprüchen wissenschaftlichen Forschens und Austauschens bald nicht mehr zu genügen. Gelehrtenzeitschriften wie die 1682 nach englischem, italienischem und französischem Vorbild ins Leben gerufenen *Acta Eruditorum* publizierten daher immer häufiger auch ausführlichere Besprechungen im In- und Ausland veröffentlichter Neuerscheinungen. Manche, vor allem jene, die nur auf die Initiative eines einzelnen Gelehrten aufbauten, erschienen nur wenige Jahre lang. Die seit 1739 publizierten *Göttingischen Ge-*

*lehrten Anzeigen* dagegen, die älteste wissenschaftliche Zeitschrift im deutschen Sprachraum, erscheinen sogar noch heute. Der erste Band erschien 1739 unter dem Titel *Göttingische Zeitungen von gelehrten Sachen*.

Eine rasante Blütephase erlebte die Journallandschaft im Verlauf des 18. Jahrhunderts. Einige Zeitgenossen und Kritiker dieser Entwicklungen, wie etwa der Geistliche Heinrich Ludwig Goetten, behaupteten gar, die Flut an „gelehrten" Blättern verwandele die Bücherläden in reine Journal-Handlungen. Aufhalten konnte den Aufschwung allerdings niemand. Ganz im Gegenteil: Die Zahl der Periodika, in gebildeten Kreisen oft als *Ephemeriden* bezeichnet, nahm stetig zu und bildete mit der Zeit zugleich die Buchbesprechung als eigenständige Textgattung heraus (Habel 2007). Es war genau diese Kombination aus Gelehrtenveröffentlichungen und Korrespondenzen auf der einen und Rezensionen auf der anderen Seite, die den Erfolg der vielen verschiedenen Journale begründete und bis heute sicherlich zum Wesen der wissenschaftlichen Informationsvermittlung gehört. Die Entstehung eines über Periodika organisierten Rezensionswesens lässt sich damit sicherlich als eine Reaktion auf die beschleunigte Wissensproduktion begreifen und war zweifelsohne ein wichtiger Motor der modernen Wissensgesellschaft, der die publizistische Informationsflut organisierte und kanalisierte. Zugleich hatte die Entstehung der vielen literaturkritischen Zeitschriften zur Mitte des 18. Jahrhunderts aber auch einen geistesgeschichtlichen Hintergrund. So waren es doch die zentralen Aufklärungsideen, die dem Rezensionswesen entscheidend auf die Beine halfen, wie Ute Schneider betont. Traditionen der Wissenschaft, Gesellschaft, Literatur und Religion, so Schneider, sollten stärker hinterfragt und kritisch geprüft, der Zugang zu Wissen und Bildung möglichst vielen geöffnet werden. Die Literatur, sei sie schön oder wissenschaftlich, spielte dabei eine entscheidende Rolle, denn sie galt den meisten als das wichtigste Vehikel zur Bildung. Dass diese dann auch einer eingehenden Kritik unterzogen werden müsste, war im Sinne der Aufklärung selbstverständlich (Schneider 1999).

Das Verb „rezensieren" fand als Entlehnung aus dem lateinischen „recensere" in etwa zur gleichen Zeit Einzug in die deutsche Sprache. Schon im 17. Jahrhundert lässt sich der Gebrauch im Sinne einer Beurteilung neu erschienener Bücher nachweisen. Die Nomina „Rezension" oder häufig noch „Rezensierung" wanderten dann in den ersten Jahrzehnten des 18. Jahrhunderts ins Deutsche über. Auf diese Zeit geht zudem die gegenwärtig weiterhin geläufige Doppelfunktion einer Rezension zurück. So meinte lateinisch „recensere" zunächst vor allem das Mustern, Zählen oder Wiedererzählen eines Gegenstandes. Hinzu kam dann aber auch schnell die übertragene Bedeutung im Sinne einer Einschätzung oder Kritik. Damit bewegte sich die Buchbesprechung also bereits seit Entstehungs- und Blütezeit des Rezensionswesens im noch heute so charakteristischen Spannungsfeld zwischen Anzeige auf der einen und kritischer Würdigung auf der anderen Seite (Huber u.a. 1993). Im 18. Jahrhundert dann verzeichneten auch die großen Konversationslexika den „Recensenten" in ihren Bänden und sahen in ihm meist einen „Bücherrichter" und „Schriftbeurtheiler". Fest zur Rezension gehörten in den meisten Fällen außerdem, auch das wussten schon die älteren Lexika wie etwa Sanders *Wörterbuch der Deutschen Sprache* von 1863, der ausführliche Hinweis auf alle wichtigen bibliografischen Angaben, das „prüfende Anzeigen" eines Buches. Der vollständige Name des Autors und der Buchtitel zählten ebenso dazu wie Erscheinungsort und -jahr, Verleger und Preis.

Wir sehen, es finden sich bereits im 18. Jahrhundert fast alle wesentlichen Elemente einer Rezension, die auch heute noch den Charakter einer Buchbesprechung ausmachen. 1797 brachte der Berliner Theologe Daniel Jenisch gar eine „Feierliche Konstitutions-Akte" zu Papier, die ein neu zu errichtendes „Rezensenten-Institut" näher erläuterte. Der „preiswürdige Zweck" dieses Instituts war dabei kein Geringerer als „die unmündige Nazion der Teutschen in ihren Urtheilen über Werke der Gelehrsamkeit, des Genies und Geschmacks, sicher und unfehlbar zu leiten, und dadurch jene Einheit und Einförmigkeit des Denkens und

Empfindens zu befördern, die als das Höchste der Cultur und Aufklärung eines Volks angesehen werden muß" (Jenisch 1797). Gleichsam reicht die für die gegenwärtige Wissenschafts- und Rezensionslandschaft so typische Fächerspezialisierung bis in die Zeit der Aufklärung zurück. Denn bereits wenige Jahre, nachdem die „Gelehrte Zeitschrift" mit ihren Rezensionen den Markt erobert hatte, schien eine Aufspaltung nach unterschiedlichen Fachdisziplinen unumgänglich. Die Wissenschaftslandschaft hatte sich im Verlauf des 18. Jahrhunderts stark spezialisiert und damit auch dem Buchmarkt eine neuerliche Expansion beschert. Den gelehrten Rezensionsblättern war es daher kaum mehr möglich, die von ihnen angestrebte umfassende Literaturinformation zu leisten.

Abb. 1
Quelle: Daniel Jenisch, Der allezeit-fertige Schriftsteller. Oder kurze, doch gründliche Anweisung, wie man mit dem möglich-kleinsten Aufwande von Genie und Wissenschaft ein großer und fruchtbarer Schriftsteller werden könne ..., Berlin 1797

> **Lektüretipp:** Historisches Rezensionswesen
>
> Johann Christoph Greiling: Einige vorläufige Gedanken zu einer Theorie der Recensionen, in: Philosophisches Journal einer Gesellschaft Teutscher Gelehrter 6 (1797), S. 121-149
>
> Daniel Jenisch: Der allezeit-fertige Schriftsteller. Oder kurze, doch gründliche Anweisung, wie man mit dem möglich kleinsten Aufwande von Genie und Wissenschaft ein großer und fruchtbarer Schriftsteller werden könne, Berlin 1797

So begegneten dem gebildeten Lesepublikum bereits zur Mitte des 18. Jahrhunderts eigene Journale der Theologie, der Geschichte, Juristerei, Medizin und auch der schönen Wissenschaften.

Eng verbunden mit dieser Auffächerung war allerdings auch eine erste Abschottung des Rezensionswesens. Noch im späten 17. Jahrhundert hatte der berühmte Aufklärer Christian Thomasius in seiner Zeitschrift, den *Monatsgesprächen*, einen offenen Rezensionsstil entwickelt, der sich gezielt an ein breites Publikum wandte und nichtakademische Leserinnen und Leser mit einzubeziehen versuchte. Diese breitere Zugänglichkeit ging jedoch mit den spezialisierten Fachzeitschriften allmählich verloren, selbst ein Austausch der einzelnen Fächer untereinander schien durch die jeweils spezifischen Periodika deutlich erschwert.

Die gelehrten Zeitschriften waren im 19. Jahrhundert dementsprechend bis auf einige wenige traditionelle Blätter wie die *Göttingischen Gelehrten Anzeigen* fast vollständig vom Markt verschwunden. Es schlug nun die Stunde der wissenschaftlichen Fachzeitschrift, die gewiss auch heute noch zu dem jeweils wichtigsten Forum einer jeden Disziplin zu zählen ist. Im Bereich der Germanistik etwa entstanden unter anderem die freilich noch kurzlebigen Zeitschriften *Altdeutsche Wälder* (1813-1816), *Germania* (1836-1853) oder auch die von David Friedrich Gräter herausgegebene *Bragur* (1791-1812). Dieses letztgenannte „litterarische Magazin der Teutschen und nordischen Vorzeit" veröffentlichte unter der Rubrik „Neue Schriften" regelmäßig

Rezensionen, die doch erheblich dazu beigetragen haben, dass sich eine eigene philologische Disziplin mit bestimmten Regeln, Konventionen und Erwartungen herausbildete. So hieß es beispielsweise in einer Besprechung zu Johann Gottfried Herders Aufsatz „Iduna oder der Apfel der Verjüngung" aus dem Jahre 1796 – Herder fragt hier, ob sich die deutsche Dichtung nicht eher auf die germanische anstatt auf die griechische Mythologie als nationale Identitätsstiftung beziehen sollte –, „(e)in vortrefflicher Aufsatz (...), in welchem der Geist und der relative Werth der Nordischen Mythologie, und die Streitfrage über ihre Brauchbarkeit für unsere Zeiten, mit so viel Einsicht und Unbefangenheit erörtert, und auf einen Gesichtspunct hingeführt ist, in dem sich alle bisherigen Streiter (...) freundschaftlich die Hände reichen werden" (Bragur 5, 1797, 156).

Für die Geschichte als eigene wissenschaftliche Disziplin zeichnete sich im Verlauf des 19. Jahrhunderts eine ähnliche Gründungswelle fachspezifischer Zeitschriften mit festem Rezensionsteil ab. Auch hier war die Etablierung der Geschichtswissenschaft aufs Engste mit der Entstehung eines spezialisierten Rezensionswesens verknüpft. Zu den wichtigsten Neugründungen zählten die *Historisch-Politische Zeitschrift* (1832-1836), die *Zeitschrift für Geschichtswissenschaft* (1844) und schließlich die *Historische Zeitschrift* (1859). Rezensionen wurden seit der zweiten Hälfte des 19. Jahrhunderts gern als eine Art Vehikel zur Professionalisierung der Geschichtsschreibung eingesetzt, zum einen, indem man hier bestimmte Standards wie die der Quellenkritik zu etablieren versuchte, zum anderen durch demonstrative Abgrenzung gegenüber Freizeithistorikern oder anderen vermeintlichen Dilettanten. Demzufolge erhoben Rezensenten, die sich zu einem Großteil selbst zu den Experten ihres Faches zählten, in Zeitschriften Archivrecherchen, breite Literaturkenntnis, Methodenlehre oder die Expertise in den entsprechenden Disziplinen historischer Hilfswissenschaften zu wichtigen Maßstäben der Geschichtsdarstellung. Die Buchbesprechung gesellte sich somit neben den anderen Kleinformen wie dem Aufsatz oder der Miszelle schnell zu den tonangebenden Darstellungsformen einer sich professionalisierenden Geschichtsforschung. Sie gewann allerdings nochmals an Bedeutung, als sich um die Jahrhundertwende neben dem Handbuch und der Edition die methodisch elaborierte und thematisch spezialisierte Monografie durchzusetzen begann, verlangte diese doch wiederum eine kritische Einordnung innerhalb der eigenen Disziplin. Die in diesem Netzwerk Beteiligten konnten sich so bald als Teil einer Fachgemeinschaft mit jeweils spezifischen Kommunikations- und Verhaltensformen begreifen. Allerdings dürfte sich damit auch die Hermetik des Faches nochmals verstärkt haben, da sich mit der Spezialisierung der Buchform auch die Buchkritik weiter spezialisierte. Gewisse ästhetische Eigenarten des frühen Rezensionswesens, wie sie beispielsweise der auch als Rezensent berühmte Schriftsteller Gotthold Ephraim Lessing etabliert hatte, sei es in Form von fiktiven, die Leser beteiligenden Dialogen oder seien es Gepflogenheiten der direkten Anrede, wichen demzufolge im fachbezogenen Bereich immer mehr einem speziellen Wissenschaftsjargon. In der Literaturkritik hingegen erfuhr der (fiktive) Dialog als Rezensionstechnik aus frühen Aufklärungszeiten wieder eine Revitalisierung und unterhielt damit vor allem die Leserinnen und Leser von Tageszeitungen.

Anfang des 20. Jahrhunderts zeichnete sich ein markanter Wandel des Rezensionswesens ab. Verantwortlich dafür war vor allem eine mediale Expansionsphase, die der Medienhistoriker Jürgen Wilke sowohl aus politischer als auch aus ökonomischer Sicht als „Entfesselung der Massenkommunikation" beschreibt (Wilke 2008). Einsetzend im 19. Jahrhundert erlebte das deutsche Pressewesen zur Zeit der Jahrhundertwende eine weite Ausdehnung. Neue Medienangebote und Formate strukturierten das Alltagsleben neu, veränderten soziale Beziehungen und erschlossen bislang noch unentdeckte Publikumskreise. Der Aufstieg einer stark werbefinanzierten Massenpresse war ein elementarer Teil dieser Expansion. Ihre wichtigsten Vorbedingungen waren die zunehmende Hochindustrialisierung, Urbanisierung und Alphabetisierung der Gesellschaft. Aber auch die technischen

Innovationen wie etwa die Einführung der Linotype-Setzmaschine oder der Telegrafie verdichteten die Medienlandschaft mit durchschlagender Kraft. Das Rezensionswesen war von diesem Medienwandel direkt betroffen, sorgten doch die Ausweitung des Pressewesens und seit den 1920er Jahren auch die Entstehung des Rundfunks für einen neuerlichen Rezensionsboom. Das Forum für Buchbesprechungen hatte sich jedoch gewandelt: Neben das für akademische Kreise weiterhin maßgebliche Fachzeitschriftenwesen trat die regionale und überregionale Tagespresse. Freilich hatte es bereits weitaus früher Rezensionen in Tageszeitungen gegeben, doch schon allein die weite Verbreitung und Auflagensteigerung der Presse eröffneten ganz neue Perspektiven, aber auch Zwänge für Buchmarkt und Rezensionswesen. Denn mit der ökonomischen Ausweitung der Medienlandschaft stieg auch ihr gesellschaftlicher Einfluss. Für Verlage und Autoren wurde es daher immer wichtiger, in den Feuilletons der großen auflagenstarken Zeitungen rezensiert zu werden. Zeitgenossen schätzten, dass bis zu 30 Prozent der Käufe durch Rezensionen motiviert seien (Eckardt 1927). Damit rückten Rezensenten schlagartig in eine wichtige Schlüsselposition, konnten sie doch zum einen mitentscheiden, *welches* Buch rezensiert wurde, und zum anderen nach Abgleich mit der Verlagslinie bestimmen, *wie* es besprochen wurde.

In der Regel besorgten in der Tages- und Wochenpresse fest angestellte Redakteurinnen und Redakteure die Buchkritiken. In vielen Fällen warben sie allerdings auch Expertinnen und Experten oder andere freie Mitarbeiter/-innen an. Zwar konnte man selbst im frühen 20. Jahrhundert kaum vom Rezensieren leben, geschweige denn von einem allgemeingültigen Berufsbild der Rezensentin bzw. des Rezensenten sprechen. Dennoch entwickelte sich das Schreiben von Buchbesprechungen zu einem festen Bestandteil eines jeden Publizistenlebens. Zudem entstanden zur Zeit der Weimarer Republik erste Handbücher, die für Verlage und Redaktionen fundierte Orientierung bereitzustellen versuchten. So schreibt etwa Fritz Eckardt im Vorwort seines 1927

*Eine kurze Geschichte des Rezensionswesens*

erschienenen Handbuchs, „die vorliegende Broschüre erstrebt das Ziel, den Geschäftsleitern und Mitarbeitern der Buch- und Zeitschriftenverlage für die Alltagspraxis eine allgemeinverständliche Einführung zu bieten in die Fragen, die das Besprechungsstück und Besprechungswesen betreffen". In der Folge gab er dann praktische Hinweise, die sogar bis in die verlegerische Organisationspraxis reichten. Zudem hielt er die Verwendung von Einsatzkästen und Schatullen für Karteikarten oder ganze Kartentrogpulte zur Bewältigung des Besprechungsaufkommens für unverzichtbar (siehe Abb. 2). Ohne wohl organisierte Bürokratie schien sich das Rezensionswesen also kaum mehr bändigen zu lassen (Eckardt 1927).

Abb. 2

Quelle: Eckardt, Fritz: Das Besprechungswesen. Eine Einführung in die Praxis, Leipzig 1927, S. 54.

Eckardts Handbuch hielt darüber hinaus zahlreiche wertvolle Hinweise auch für Rezensentinnen und Rezensenten bereit, etwa wie sich Buchinhalte unvoreingenommen, aber dennoch kritisch würdigen ließen. Viele dieser Anleitungen traten jedoch in den Hintergrund, als sich gegen Ende der 1920er Jahre auch im Rezensionswesen Politisierungstendenzen verstärkten und ideologische Zielsetzungen den intellektuellen Austausch zu überlagern begannen. Zurück gingen diese in erster Linie auf Konzentrationen und Fusionen im Verlagswesen, die sich insbesondere in völkisch-nationalistischen Kreisen schon um die Jahrhundertwende angekündigt hatten. So verfolgte beispielsweise der Deutschnationale Handlungsgehilfenverband (DHV) eine engagierte stark politisch motivierte Verlagsaufkaufstrategie und erwarb bis 1933 schöngeistige Verlage, Buchvertriebsgesellschaften, Pressedienste und Zeitschriften (Meyer 1989). Rezensionen ließen sich so einfacher „intern" vergeben und unliebsame Kritik besser umgehen. Das nationalsozialistische Regime stellte dann ab 1933 im Zuge der Gleichschaltung des Mediensystems die politische Erziehungsarbeit über die freie Kritik. Im Bereich der Buchproduktion erhoben die Nationalsozialisten einen „umfassenden Führungsanspruch, der sowohl in einem generellen Kontrollkonzept wie einem kulturpolitischen Sendungsbewusstsein wurzelte" (Zimmermann 2007, 51). Federführend beteiligt waren an dieser Umsetzung vier Einrichtungen: erstens die „Reichsstelle für volkstümliches Büchereiwesen" des Reichsministeriums für Wissenschaft, Erziehung und Volksbildung; zweitens die „Parteiamtliche Prüfungskommission zum Schutze des nationalsozialistischen Schrifttums (PKK)"; drittens die „Schrifttumsabteilung" im „Amt Rosenberg"; und viertens schließlich die von Joseph Goebbels kontrollierte Reichsschrifttumskammer.

Die Rezension stellte für alle diese Institutionen eine wichtige Basis der Propagandaarbeit dar, ließ sich doch über sie, so die Hoffnungen, der Publikumsgeschmack und die Leseinteressen entscheidend steuern. In der Schrifttumsabteilung gab man daher mit der „Bücherkunde" sogar ein eigenes Rezensionsjournal heraus. Insgesamt aber blieben die Erfolge zunächst hinter den Erwartungen des nationalsozialistischen Führungsanspruchs zurück. Denn Gesetze ließen sich zwar in Windeseile ändern, der kritische Impetus vieler Rezensentinnen und Rezensenten wie auch die Vorlieben der Leserinnen und Leser allerdings nicht. Untersuchungen über das Ausleihverhalten in großen Bibliotheken und Volksbüchereien beispielsweise zeigen, wie wenig sich doch die Vorlieben der Nutzer/-innen im Vergleich zu den Jahren der Weimarer Republik verändert hatten. Auch das Interesse an politischer Literatur ließ sich nicht bestärken, eher bewirkte die Politisierung des Rezensionswesens genau das Gegenteil, da die Verkaufszahlen der vielen engagiert besprochenen Werke stark rückläufig waren. 1935 beschlossen die nationalsozialistischen Machthaber daher eine Neuregelung des Besprechungswesens in mehreren Schritten. Einer dieser Schritte war ein Verbot der Rezension, die daraufhin durch die „Buchwürdigung" ersetzt wurde, denn zu häufig sparten Rezensionen nicht an Kritik gegenüber holprig zusammengeschusterten und in erster Linie parteikonformen Elaboraten. Resultat der Einführung von Pseudorezensionen war jedoch ein weitgehender Glaubwürdigkeitsverlust des gesamten Besprechungswesens, auch weil sich zahlreiche namhafte Rezensentinnen und Rezensenten in Bereiche der unpolitischen Literatur zurückzogen. Als dann 1940 erstmals die neue Zeitschrift *Das Reich* erschien, wurden zwar wieder annähernd kritische Besprechungen ermöglicht. Ein Rückgewinn der Glaubhaftigkeit ließ sich allerdings bis 1945 nicht erzielen, zu sehr basierte doch auch im Nationalsozialismus der Charakter einer Buchbesprechung auf Verständnis und Vertrauen zwischen Rezensent und Leser (Müller 2007, 193).

Nach dem Ende des Zweiten Weltkrieges löste sich das Rezensionswesen jedoch wieder aus seinem politischen Korsett. Verantwortlich dafür war insbesondere die Medienpolitik der amerikanischen und englischen Besatzer in Deutschland. Denn neben dem System eines öffentlich-rechtlichen Rundfunks führten sie auch ein Lizenzsystem für Zeitungen und Zeitschriften ein, das

Altverleger aus der Zeit des Nationalsozialismus aus der Publizistik fernzuhalten versuchte. In den ersten Nachkriegsjahren war diese Politik auch durchaus erfolgreich und verwandelte den Westen Deutschlands in ein regelrechtes „Zeitschriften-Paradies", wie es der Historiker Manfred Görtemaker einmal nannte. Vor allem die literarischen und kulturpolitischen Zeitschriften erlebten in den späten 40er und 50er Jahren eine neuerliche Blütephase. Allein in den Jahren zwischen 1950 und 1960 erschienen in der Bundesrepublik Deutschland 223 verschiedene Literaturmagazine, von denen rund 50 Blätter regelmäßig Rezensionen abdruckten. Hinzu kamen noch die vielen Zeitschriften aus Bereichen der Wirtschaft, Technik, Bildung und Wissenschaft. Buchbesprechungen zählten hier schnell wieder zum festen Repertoire der meisten Journale, versuchte man doch gerade auch über die Literaturkritik eine neue kulturelle Identität zu festigen und die wiedergewonnene Pluralität des Buchmarktes weiterzuverbreiten.

Doch die Zeitschrift war nicht mehr alleiniges Medium für Rezensionen. Immer wichtiger wurden auch das Radio und teilweise das Fernsehen. Schon seit der Weimarer Republik konnten Hörer/-innen sich auch im Rundfunk über neu erschienene Literatur informieren lassen, da Buchbesprechungen schnell zum festen Repertoire der Kulturabteilungen in den einzelnen Sendern gehörten. In der Bundesrepublik entwickelte sich das Radio innerhalb kürzester Zeit zum Leitmedium der 50er und 60er Jahre, weshalb es für Schriftsteller, aber eben auch für Wissenschaftler und Sachbuchautoren immer wichtiger wurde, im Rundfunk besprochen zu werden. Gemeinsam mit den Zeitungsfeuilletons löste das Radio so das wissenschaftliche Rezensionswesen ein weiteres Stück aus seinen Fächergrenzen heraus. Denn auch im Rundfunk waren es eher die fest angestellten Redakteurinnen und Redakteure und nicht spezialisierte Fachwissenschaftler/-innen, die in Magazinsendungen die Besprechungen ausgewählter Bücher besorgten. Das Rezensionswesen innerhalb der modernen Massenmedien wurde daher zu einem wichtigen Zahnrad innerhalb der deutschen Buchkultur, insbesondere im Bereich der boomenden Sachliteratur. Besprochen wurden nämlich – neben der traditionellen Literaturkritik – überwiegend eher für einen breiteren Markt geschriebene Sachbücher, die sich an der Grenze zwischen Wissenschaft und Populärkultur bewegten. Da eine Rezension auf prominentem Sendeplatz die Verkaufszahlen rasch nach oben schnellen ließ, regte die massenmediale Buchkritik also Wissenschaftler/-innen mit dazu an, für breitere Kreise zu schreiben und dürfte einigen Forscherinnen und Forschern einen Weg aus ihrem Elfenbeinturm gewiesen haben.

Eine zweite mediale Revolution erfuhr das Rezensionswesen schließlich mit der Einführung des Internets zum Ende des 20. Jahrhunderts. Wie so oft bei der Etablierung neuer Medien war es auch beim World Wide Web zunächst so, dass sich erst schon aus anderen Zusammenhängen bekannte Formate einfach auf das neue übertrugen. Zeitungen und Zeitschriften entwickelten dementsprechend Internetpräsenzen, über die sich Rezensionen nun ebenfalls am heimischen Bildschirm studieren ließen. Mit der Zeit regte der scheinbar grenzenlose virtuelle Raum aber auch wichtige Weiterentwicklungen an. So bildeten sich beispielsweise viele verschiedene Rezensionsforen, die allein von Laien getragen wurden und doch einige Aufmerksamkeit erzielen konnten. Andererseits entwickelten auch die Fachwissenschaften neue Plattformen, die ähnlich wie Zeitschriften Rezensionen bestellen, sie anschließend aber nicht in gedruckter Form zum Verkauf anbieten, sondern kostenfrei im Internet zur Verfügung stellen und zudem über Mailinglisten an Interessierte versenden. Ohne Vorbehalte blieben diese Veränderungen jedoch nicht – auch dies ist eine Parallele zu anderen Medieninnovationen. Viele Verlage zeigten sich skeptisch, ob ihre Bücher überhaupt jemals seriös in Internetforen besprochen würden, geschweige denn dass sie auch nur annähernd zitierfähig werden könnten. Den Erfolg der Webrezension trübten diese frühen Polarisierungen jedoch nicht. Vielmehr sorgten die Online-Rezensionsdienste für eine Sichtbarkeit wissenschaftlicher Buchbesprechungen, die an die Anfänge des publizistischen Rezensionswesens im 18.

Jahrhundert erinnert (Mey 2004). Ebenso konnte ein Gros der in den späten 1990er Jahren gestarteten Netzplattformen seine Finanzierungsschwierigkeiten der Gründungszeit bewältigen und steht mittlerweile auf einem soliden Fundament. Letzte Entwicklungen versuchen darüber hinaus Konzepte des Web 2.0 in ihre Organisation mit einzubeziehen. Einzelne Rezensionsforen bieten dementsprechend ihren Nutzerinnen und Nutzern die Möglichkeit, eingestellte Buchpräsentationen zu kommentieren, um so „lebendige Rezensionen" entstehen zu lassen (dazu mehr auf S. 47-54). Dieser Rezensionsboom, den die vielen verschiedenen Internetportale ausgelöst haben, machte sich zudem nicht nur im Internet bemerkbar. Er beeinflusste und belebte das Rezensionswesen an sich und steigerte dessen Bedeutung derart, dass sogar auch wieder klassische Printjournale wie die *Zeitschrift für Rezensionen zur germanistischen Sprachwissenschaft* (ZRS) neu gegründet wurden.

Das Rezensionswesen zeigt in seiner Geschichte von den Anfängen bis in die Gegenwart also eine beeindruckende Beharrlichkeit. Es überstand politische Gängelungen genauso wie tiefgreifende Medienrevolutionen und ging aus ihnen meist gestärkt hervor. An den Prinzipien der Buchbesprechung änderte sich dabei nicht viel. Allein die literarisierte Rezension in fiktionalem Gewand, die wir aus dem 18. Jahrhundert kennen, fristet gegenwärtig nur noch ein Nischendasein. Andererseits deuteten sich im Übergang zum 21. Jahrhundert einige Neuerungen an, die bisweilen sogar die Textform, Entstehung und Gestalt der Rezension an sich betreffen. Nicht mehr Autorinnen und Autoren allein scheinen in neuen Internetforen wie etwa *recensio.net* für die Buchkritik verantwortlich zu sein, sondern Autorenkollektive, die sich aus der Usergemeinde zusammensetzen. Inwieweit solche Entwicklungen tatsächlich das klassische Erscheinungsbild der Rezension zu verändern vermögen, muss an dieser Stelle aber noch offen bleiben. Die Mediengeschichte der letzten Jahrhunderte lehrt jedoch, dass neue Formate die alten nicht herausdrängen, sondern vielmehr das gesamte Ensemble erweitern. Dem Rezensionswesen, so hier eine abschließende Prognose erlaubt sei, wird es wohl nicht anders ergehen.

> **Lektüretipp:** Geschichte des Rezensionswesens
>
> Thomas Habel: Gelehrte Journale und Zeitungen der Aufklärung. Zur Entstehung, Entwicklung und Erschließung deutschsprachiger Rezensionszeitschriften des 18. Jahrhunderts, Bremen 2007
>
> Dietrich Müller: Buchbesprechung im politischen Kontext des Nationalsozialismus. Entwicklungslinien im Rezensionswesen in Deutschland vor und nach 1933, Diss. Univ. Mainz 2007 (im Internet verfügbar unter http://d-nb.info/993516386/34)
>
> Thomas K. Hofmann: Die Anfänge der deutschen Buchkritik (1688-1720). Die Zeitschrift und ihre Rezension als aufklärerisches Element. Diss. McGill University, Montreal 1978 (masch.; Microfiche)
>
> Anni Carlson: Die deutsche Buchkritik von der Reformation bis zur Gegenwart, Bern, München 1969

## Experten unter sich?
## Wissenschaftliche Rezensionen

Die wissenschaftliche Rezension stellt neben der Literaturkritik gegenwärtig die wohl häufigste Form der Buchbesprechung dar. In vieler Hinsicht, vor allem quantitativ, läuft sie ihr sogar den Rang ab. Gerade in Zeiten, in denen auch die Kulturwissenschaften ihre Forschungen immer mehr in Großprojekten und Forscherverbünden organisieren, steigt die Zahl akademischer Publikationen rapide an. Das Rezensionswesen nimmt diesen Trend mit auf und versucht weiterhin, große Teile des wissenschaftlichen Buchmarktes mit Besprechungen abzudecken. Zudem findet in Deutschland nur selten eine eingehende verlegerische Manuskriptprüfung wissenschaftlicher Publikationen statt – dies im Gegensatz beispielsweise zu Osteuropa, wo sich aus sowjetischer Tradition eine sorgfältige Prüfung durch gleich mehrere Instanzen erhalten hat. Die wissenschaftliche Rezension übernimmt damit eine zentrale und oft eben auch die erste Beurteilungsfunktion, von den Gutachten akademischer Qualifikationsarbeiten einmal abgesehen. Aber auch in ihrer Intention sind sich beide Besprechungsarten sehr ähnlich, selbst wenn die Literaturkritik sich in der Regel mit fiktionalen Texten und die wissenschaftliche Rezension mit nichtfiktionalen Büchern auseinandersetzt. Beiden geht es um eine kritische Würdigung. Unterschiede ergeben sich jedoch, blickt man genauer auf die Medien der jeweiligen Besprechungen, auf ihre Adressatenkreise, Verbreitungsformen, Stile und die Rezensentinnen und Rezensenten selbst. Fachwissenschaftliche Rezensionen haben in erster Linie veröffentlichte Monografien, Sammelbände, Handbücher und Bibliografien, aber auch Lexika, Quellensammlungen sowie Editionen und Themenhefte von Fachzeitschriften zum Gegenstand. Immer häufiger finden wir in wissenschaftlichen Zeitschriften der letzten Jahre aber auch vereinzelte Filmkritiken wie etwa in der geschichtswissenschaftlichen Zeitschrift *WerkstattGeschichte*. Dort prüfen Rezensentinnen und Rezensenten beispielsweise den Quellenwert aktueller oder auch älterer Spielfilme und Dokumentationen, formulieren ästhetische Bewertungen und zeigen didaktische Nutzungsmöglichkeiten auf. Darüber hinaus publizieren einige Journale auch regelmäßig Ausstellungskritiken, in denen aus wissenschaftlicher Perspektive die museumspädagogische Umsetzung aktueller Veranstaltungen beurteilt wird.

Zugleich gibt der Begriff ‚Fachrezension' wichtigen Aufschluss über das Publikum der wissenschaftlichen Buchbesprechung. Dieses besteht aus einem vergleichsweise engen Kreis. So werden Fachrezensionen größtenteils für speziell ausgebildete Wissenschaftler/-innen und Studierende geschrieben, oft sogar nach den verschiedenen Fachdisziplinen unterteilt. Gedruckt werden sie zumeist in Fachzeitschriften mit gesonderten Rezensionsteilen oder spezialisierten Rezensionsorganen, die sich ausschließlich auf die Veröffentlichung fachwissenschaftlicher Besprechungen konzentrieren. Daher zeichnet sich die Verbreitung der wissenschaftlichen Rezension also durch eine gewisse *Periodizität*, d.h. eine regelmäßige Erscheinungsweise, und durch *Disponibilität*, also eine allgemeine Verfügbarkeit, aus. Sicherlich findet die wissenschaftliche Rezension in Fachzeitschriften daher auch vereinzelt außerhalb enger Fächergrenzen ihre Leserinnen und Leser beispielsweise unter Journalistinnen und Journalisten, zumal die vielen verschiedenen Periodika mit Rezensionsteilen ja in Bibliotheken oder über den Verkauf praktisch jedem zugänglich sind. Ebenso liegt es aber auf der Hand, dass die Fachrezension vor allem eine Kommunikationsform innerhalb der verschiedenen Fächer ist. Genauer betrachtet, stellt sie eine Art „Meta-Kommunikation" dar, bezieht sie sich doch auf eine andere fachspezifische Verständigungsform, eben die zu besprechende Publikation. Kritik beruht somit zumeist auf innerhalb des Faches geltenden Normen, weshalb das wissenschaftliche Rezensieren sehr stark normstabilisierend wirkt (Huber u.a. 1993, 279 f.).

Ein weiteres wichtiges Merkmal des wissenschaftlichen Rezensionswesens ist in diesem Zusammenhang die *Aktualität*. Wissenschaftler/-innen wollen relativ zeitnah über Neuerscheinungen informiert sein, daher vergehen im deutschen Verlagssystem nach der Veröffentlichung eines Buches auch zumeist nicht mehr als zwei Jahre, bis die interessierte Zunft die ersten Rezensionen lesen kann. Aus Sicht der modernen Mediengesellschaft mag diese Zeitspanne unendlich lang erscheinen, sind wir doch durch Tageszeitungen, Radio, Fernsehen und Internet (siehe dazu auch die folgenden Kapitel) weitaus kürzere Wartezeiten gewohnt. Im Vergleich aber zu anderen Wissenschaftslandschaften, etwa der amerikanischen, sind die Fristen im deutschen Betrieb noch durchaus zügig. Nicht selten finden wir insbesondere in den Sozial- und Geschichtswissenschaften auch sogenannte *Relectures*, die meist quer zu den gegenwärtigen Aktualitätsgeboten liegen. Hier beschäftigen sich nämlich Rezensentinnen und Rezensenten mit älteren Werken, die meist mehrere Jahrzehnte, manchmal auch jahrhundertealt sind, oftmals zum Anlass bestimmter Themenhefte von Zeitschriften. Ziel ist es dabei, den Aussagewert älterer Schriften neu zu überprüfen und vergessene Thesen wieder in gegenwärtige Forschungskontexte einzubetten.

Aufbau und Stil wissenschaftlicher Rezensionen sind eng mit ihren Adressatenkreisen und Distributionsformen verknüpft. *Information und Urteil* bestimmen hier in aller Regel den Charakter der Besprechungen. Meist gibt die Fachrezension zunächst einen kurzen Überblick auf dem Gebiet, mit dem sich die zu besprechende Publikation beschäftigt. Dabei versucht sie, aktuelle Forschungstendenzen genauso wie theoretische und methodische Entwicklungen zu berücksichtigen. Im Anschluss daran bemühen sich Rezensenten oft um eine kritische Würdigung, die sie am Beispiel bestimmter Kapitel oder Schwerpunkte des rezensierten Buches entfalten. Das Referieren bestimmter Sachinformationen geht hierbei meist einher mit der Bewertung der im besprochenen Werk präsentierten Inhalte, Analysen und Thesen. Freilich ist dies eine Abfolge, die nicht selten abgeändert wird, etwa wenn Zeitschriften ihren Rezensionsteil thematisch gliedern oder Hefte mit bestimmten Schwerpunkten herausbringen. Dann nämlich fällt oftmals die Einführung in Forschungskontexte weg, da Leserinnen und Leser in dieser Hinsicht z.B. schon im Editorial informiert wurden. Die Stilistik wissenschaftlicher Rezensionen ist nicht weniger spezifisch. Sie greift häufig sprachliche Eigenheiten der jeweiligen Disziplin auf und schreibt sie zum Teil fort. Dies macht es Außenstehenden mitunter schwer, bestimmte Kritikpunkte und Urteile nachzuvollziehen, da Fachbegriffe häufig nicht erläutert werden oder lediglich durch andere ersetzt werden. Oftmals mag man sogar den Eindruck gewinnen, Rezensentinnen und Rezensenten verschlüsselten ihre Texte gern über sprachliche Eigenarten, damit Expertinnen und Experten in ihren Disziplinen unter sich bleiben können. Zum Teil wird es Rezensentinnen und Rezensenten auch immer schwieriger gemacht, ihre Besprechungen breiteren Publikumskreisen zu öffnen. In Zeiten, in denen die einzelnen Fächer und mit ihnen auch das Publikationswesen expandieren, differenzieren sich gleichzeitig Theorie und Methode. Expansion bedeutet daher immer auch Spezialisierung. Allerdings sollte dies nicht zur Resignation führen, sondern eher Ansporn sein, gerade in Zeiten, in denen *Interdisziplinarität* innerhalb der Kulturwissenschaften immer größer geschrieben wird, die Hermetik des wissenschaftlichen Rezensionswesens aufzubrechen und nicht künstlich am Leben zu halten.

Letztlich liegt diese Geschlossenheit des akademischen Rezensionswesens hauptsächlich darin begründet, dass hier *Experten für Experten* schreiben. Zumeist rezensieren Germanistinnen und Germanisten germanistische Arbeiten, Historikerinnen und Historiker geschichtswissenschaftliche, Sozialwissenschaftler/ -innen sozialwissenschaftliche usw. Natürlich gibt es auch hier Ausnahmen gerade in den enger beieinanderliegenden Disziplinen der Kulturwissenschaften. Zudem gibt es einige zentrale wissenschaftliche Rezensionsorgane wie *Kritikon Litterarum* oder *Das Historisch-Politische Buch*, die von vornherein interdisziplinär angelegt sind. Schaut man dann aber genauer auf Buchautorinnen und -autoren sowie Rezensentinnen und Rezensenten, so wird schnell klar, dass auch hier die Disziplinen weitgehend unter sich bleiben. Zu den Autorinnen und Autoren wissenschaftlicher Rezensionen zählt in den meisten Fällen das an Universitäten oder anderen Forschungseinrichtungen beschäftigte und assoziierte Personal. Demnach schreiben sowohl Doktoranden und wissenschaftliche Mitarbeiter als auch Professoren, Examinierte ebenso wie Promovierte oder Habilitierte Buchbesprechungen. Gelegentlich finden wir aber auch Archivare, Journalisten und andere unter den Rezensenten. Diese generelle Offenheit ist freilich zu begrüßen. Ein Blick in die Geschichte des Rezensionswesens zeigt zudem, dass es erst seit wenigen Jahrzehnten üblich ist, auch eher unerfahrene Forscher/ -innen in den Rezensentenkreis wissenschaftlicher Zeitschriften aufzunehmen. In der Praxis führt dies sicherlich – gerade im weiterhin hierarchisierten deutschen Wissenschaftsbetrieb – zu einigen Unsicherheiten bei der Dosierung von Kritik, etwa wenn Doktorandinnen oder Doktoranden die Werke gestandener Professorinnen oder Professoren besprechen oder umgekehrt Professoren/ -innen Bücher des wissenschaftlichen Nachwuchses. Allzu leicht droht doch so der eine bewusst oder unbewusst in allzu großer

Ehrfurcht zu erstarren oder die andere in eine Art Betreuungsduktus abzurutschen. Gänzlich vermeiden lassen sich diese Verlegenheiten in einem nichtanonymisierten Rezensionswesen sicherlich nicht. Dennoch sollten aber gerade auch die Zeitschriftenredaktionen bei der Betreuung ihrer Rezensenten sensibel für derartige Probleme sein und ermunternd bzw. ausgleichend auf Autorinnen und Autoren einwirken.

## Treffpunkt Feuilleton

Die Tradition der Rezension in Tages- oder Wochenzeitungen reicht – wie wir es bereits im ersten Teil dieses Kapitels erläutert haben – bis in die Anfänge der Publizistik zurück. Auch gegenwärtig spielen die Buchbesprechungen in der allgemeinen Nachrichtenpresse eine wichtige Rolle innerhalb des deutschen Rezensionswesens. Gegenstand der meisten Zeitungsrezensionen sind neben fiktionalen Texten vor allem Sachbücher. Aber auch wissenschaftliche Monografien, Sammelbände, Editionen und Lexika einer außerordentlich breiten Palette von Themenfeldern werden regelmäßig besprochen. Die meisten Blätter haben in ihren Feuilletons – dem Kulturteil – dafür eigens eingerichtete Sparten, in denen pro Ausgabe etwa zwei bis vier Werke rezensiert werden. Daneben haben einige Zeitungen etwas unregelmäßiger erscheinende Rubriken wie etwa „Das politische Buch" der *Süddeutschen Zeitung* oder „Neue Sachbücher" bzw. „Politische Bücher" der *Frankfurter Allgemeinen Zeitung*, in denen sie weitere Besprechungen zu enger eingegrenzten Themenbereichen publizieren. Schließlich finden wir im Kontext größerer deutscher Buchmessen oder dem Weihnachtsfest immer auch Sonderbeilagen, die ebenfalls die vermeintlich wichtigsten Neuerscheinungen vorstellen.

Zwar steuert die Presse dabei im Vergleich zum wissenschaftlichen Sektor einen eher kleineren Teil zur Gesamtheit aller deutschsprachigen Rezensionen bei. Doch sind die Aufmerksamkeit und das Prestige, die einer Buchkritik im Feuilleton einer großen überregionalen Zeitung geschenkt werden, weitaus höher zu veranschlagen. Dafür sind vier Faktoren verantwortlich: Erstens ist dies sicherlich den enormen *Auflagenunterschieden* geschuldet. Während beispielsweise die *Süddeutsche Zeitung* eine Druckauflage von rund 700.000 Exemplaren erreicht, kommt die *Zeitschrift für historische Forschung* gerade einmal auf eine Auflage von ca. 600. Ferner sind zweitens die *Selektionskriterien* der Tages- und Wochenpresse andere und vor allem strengere. Da Zeitungen thematisch viel weniger spezialisiert sind und fast alle Felder des Buchmarktes für sie relevant sein können, sind Besprechungen im Feuilleton von wesentlich exklusiverer Natur. Zugleich ist nicht immer klar, nach welchen Kriterien bestimmte Bücher zur Rezension ausgewählt werden. Sie lassen sich zum Teil nur erahnen. So finden wir im Bereich der Wissenschaft beispielsweise häufiger Besprechungen von Büchern aus der Feder von Professorinnen und Professoren sowie anderen ausgewiesenen Expertinnen und Experten als von Dissertationen junger Autorinnen und Autoren; sprachlich allgemein zugänglichere Werke öfter als eher sperrigere; historisch-politische und allgemein kulturwissenschaftliche Publikationen zahlreicher als etwa romanistische oder erziehungswissenschaftliche. Eng verknüpft mit den manchmal etwas undurchsichtigen Selektionskriterien ist der dritte Punkt, der Aufmerksamkeit und Prestige einer Feuilleton-Rezension bedingt: die starke *Auflagenorientiertheit* der großen Zeitungen. So ist die Tagespresse sehr stark von einer konstanten oder steigenden Auflage abhängig, da sie einen Großteil ihrer Einnahmen aus den Werbeanzeigen bezieht, und diese wiederum richten sich nach der Auflagenhöhe. Damit sind Zeitungen wesentlich dichter in Marktmechanismen verstrickt als beispielsweise wissenschaftliche Zeitschriften, die zumeist über Universitäten oder Stiftungen mitfinanziert werden. Themen orientieren sich häufiger an Leserwünschen. Wird nun ein Buch hier zur Rezension ausgewählt, so dürfen Verlage, Autor/-innen sowie Leser/-innen schließen, dass das Buchthema dem Publikumsgeschmack zu entsprechen scheint oder dass zumindest die Redakteure davon ausgehen, es könne ihre Leserinnen und Leser ansprechen. Die Rezension im Feuilleton wird daher schnell als eine Art Auszeichnung interpretiert. Andererseits sind aber auch hier Netzwerke nicht zu unterschätzen. Bekanntschaften bis hinein in die einzelnen Redaktionen der großen Tageszeitungen sind meist nicht weniger ausschlaggebend als Aktualität oder Qualität eines Buches. Viertens schließlich bestimmt zudem die verhältnismäßig kleine *Anzahl von Zeitungen* mit regelmäßigen Rezensionen die Exklusivität. Zu den wichtigsten zählen neben der *Süddeutschen Zeitung* und *Frankfurter Allgemeinen Zeitung* sicherlich die *Frankfurter Rundschau,* die *Welt,* das *Handelsblatt,* die *Zeit,* das *Parlament* und die *Tageszeitung.* Dazu kommen noch einige andere und regionale Blätter, die ebenfalls, aber eher unregelmäßig Buchbesprechungen drucken.

> **tipp**
>
> **Literaturtipp:** Wissenschaftliche Rezensionen in Tageszeitungen
>
> Peter Schöttler und Michael Wildt (Hrsg.): Bücher ohne Verfallsdatum. Rezensionen zur historischen Literatur der neunziger Jahre, Hamburg 1998
>
> Der Band präsentiert eine Auswahl wichtiger historischer Literatur der neunziger Jahre im Spiegel von Rezensionsessays.

All dies dürften die Gründe sein, warum sogar erfahrene Wissenschaftler wie Peter Schöttler und Michael Wildt dem Rezensionswesen der großen Zeitungen einen viel höheren Stellenwert einräumen als den wissenschaftlichen Fachorganen. Denn sie sind es, so die beiden Historiker, die aktuell und kompetent zugleich über Neuerscheinungen urteilen (Schöttler/Wildt 1998). Ablesen lässt sich dieser Trend vor allem an einer Verschiebung innerhalb der Autorenschaft. Derzeit sind mehr als die Hälfte aller Rezensent/-innen, Fachwissenschaftler/-innen, die von den jeweiligen Redaktionen eigens für Buchbesprechungen angeworben werden. Fest angestellte Redakteure bzw. Redakteurinnen übernehmen nur noch einen kleinen Teil der Rezensionen. Teilweise scheint sich das wissenschaftliche Rezensionswesen also in die

Tagespresse zu verlagern oder vielmehr auszuweiten. Sicherlich gibt es dabei stilistische Anpassungen – so versuchen Rezensentinnen und Rezensenten etwa, auf unzugängliche Fachsprachen oder lange Einbettungen in Forschungskontexte zu verzichten. Groß sind die Unterschiede aber keineswegs. Auch scheint das Rezensionswesen erste Krisenerscheinungen innerhalb der deutschen Presselandschaft überstanden zu haben. Noch im Jahr 2002 hatte Volker Ullrich, seit 1990 verantwortlich für das Ressort „Politisches Buch" bei der Wochenzeitung *Die Zeit*, befürchtet, die großen Zeitungen könnten ihre „führende Rolle" für die Rezensionskultur verlieren, würde doch in Krisenzeiten immer gleich an den Rezensionsteilen gespart (Ullrich 2002). An der Quantität scheint sich jedoch kaum etwas geändert zu haben. Wahrscheinlicher wirken dahingegen seine Sorgen um die Qualität. Der Wettlauf um Aufmerksamkeit gepaart mit marktwirtschaftlichen Trends der Ressourcenoptimierung führt nicht selten zu Einsparungen von Rechercheleistungen – ein Trend, der den gesamten Journalismus betrifft. Dass nun immer häufiger Rezensionen an freie Autorinnen und Autoren ausgelagert werden, erscheint vor diesem Hintergrund dann nicht mehr als begrüßenswerte Richtung, eher als Verlegenheit. Da sich die großen Zeitungen häufig kaum mehr Redakteurinnen und Redakteure leisten können, die sich ausgiebig mit 300- bis 400-seitigen Büchern beschäftigen und fundierte Besprechungen schreiben, greift man auf Expertinnen und Experten zurück, deren Arbeit gewiss nicht schlechter, aber doch anders ist. Die ergänzende, bereichernde und oft auch korrigierende Gegenüberstellung von wissenschaftlichem und feuilletonistischem Rezensionswesen löst sich so leider auf. Der Treffpunkt Feuilleton verliert seine Anziehungskraft.

### Rezensionen im Netzzeitalter. Neue Wege?

Die Rezension ist mittlerweile fest im Netzzeitalter angekommen. Inzwischen finden wir im Internet unzählige Foren, Plattformen und Blogs, die regelmäßig Buchbesprechungen veröffentlichen.

Den Genres sind dabei keine Grenzen gesetzt. Literaturkritik begegnet uns ebenso wie wissenschaftliche Kritik. Wir entdecken populäre oder unseriöse Besprechungen ebenso wie fundierte und seriöse. Unterschiedlichste Formen stehen zum Teil nebeneinander und sind oft nur einen Klick voneinander entfernt. Schnell mag man daher diese jüngsten Entwicklungen mit den üblichen Netzphrasen von Pluralisierung, Demokratisierung oder Liberalisierung beschreiben wollen. Blickt man allerdings genauer auf die einzelnen Rezensionsformate, so fällt doch zunächst eines auf: Verändert hat sich wenig. Und dies überrascht kaum, denn die Mediengeschichte der letzten 100 Jahre zeigt uns mehr als deutlich, dass technische Innovationen äußerst selten gleich mit inhaltlichen Neuerungen einhergehen. Vielmehr übertragen sich ältere traditionelle Formate, die schon aus anderen Zusammenhängen bekannt sind, auf die neuen Medien. Zu erinnern ist hier etwa an das Fernsehen, das in Deutschland mit seiner Einführung keineswegs gleich neue Unterhaltungsformate entwickelte, sondern Theaterinszenierungen abfilmte und sie als „Fernsehspiel" ins Programm brachte. Ähnlich verhält es sich auch mit dem Internet und Rezensionswesen. Formate, Abläufe und Stile änderten sich im Vergleich zu Zeiten vor dem World Wide Web nur geringfügig. Auch die Anlage und Verwaltung der verschiedenen Portale orientieren sich in der Regel an ihren Vorgängern aus dem Printbereich. Es gibt Redaktionen oder Plattformen, die mit meist externen Rezensentinnen und Rezensenten zusammenarbeiten und sie mit der Besprechung eines Buches oder Ähnlichem beauftragen. Nach Fertigstellung der Rezension erfolgt dann die Publikation über das Internet.

Zu den häufigsten Organisationsformen zählen dabei Portale von Tages- und Wochenzeitungen sowie wissenschaftliche und privatwirtschaftliche Foren. Die Plattformen der Pressehäuser werden hier jedoch nicht näher erläutert, da sie in der Regel nur die Rezensionen, die schon in den Printausgaben zu lesen waren, noch einmal über ihre Internetauftritte zugänglich machen. Daher soll an dieser Stelle nur auf das vorangegangene

> **Link- und Lektüretipp:** Was macht Rezensionen im Internet so besonders?
>
> Harro Dietrich Kähler und Christian Koch: Rezensionen im Internet. Ein Beitrag zum Wissensmanagement in der Sozialwirtschaft (veröffentlicht am 01.07.2003)
>
> http://www.socialnet.de/materialien/76.php, gedruckt in: Nachrichtendienst des Deutschen Vereins für öffentliche und private Fürsorge 6/2003, S. 261-268
>
> Die beiden Autoren untersuchen die Einwirkungen der zunehmenden Internetrezensionen zu Beginn der 2000er Jahre auf das Rezensionswesen im Bereich Soziale Arbeit und Sozialwirtschaft.
>
> Günter Mey: Elektronisches Publizieren – eine Chance für die Textsorte Rezension? Anmerkungen zur Nutzung des Internet als „scholarly review resource", in: Historical Social Research 29 (2004), S. 144-172 (http://www.ssoar.info/ssoar/files/hsr/hsr2004_604.pdf)
>
> Mey erklärt hier den Bedeutungsgewinn des Rezensionswesens im Internetzeitalter und zeigt die Möglichkeiten des E-Publishings bzw. E-Reviewings auf.

Kapitel verwiesen werden. Im Bereich der *privatwirtschaftlichen Rezensionsforen* begegnen uns dafür umso mehr Spezifika, die eine genauere Betrachtung verlangen. Wie wir ja weiter oben bereits angedeutet haben, wirkte sich die Entwicklung des Internets zunächst keineswegs revolutionär auf das Rezensionswesen aus. Neuerungen sind daher vor allem im Detail zu suchen, wie etwa im Bereich der Entstehungsgeschichte oder der Mitwirkenden. So sind Webseiten wie beispielsweise das Rezensionsforum *webcritics.de* zunächst als verspielte, wenig beachtete Kleinstforen entstanden, in denen zumeist Freunde für Freunde rezensierten und persönliche Vorlieben den Ausschlag für eine Buchbesprechung gaben. Mit der Zeit entwickelte jedoch die Idee, im Internet eine Rezensionsplattform alternativ zu den professionellen wissenschaftlichen Zeitschriften und anderen Zeitungen anzubieten, eine immer stärkere Anziehungskraft. Die Anzahl der Rezensionen stieg und mit ihr auch die Interessentengemeinde.

Die Gründe dafür sind vielfältig. Zum einen spielte sicherlich die freie Zugänglichkeit solcher Portale, sowohl für Rezensent/-inn/en als auch für interessierte Leser/-innen, eine wichtige Rolle. Die privatwirtschaftlich angelegten Foren verlangen zumeist keine Abonnement- oder Freischaltungsgebühren und stehen deshalb für jeden Internetuser offen. Zudem bieten sie jungen Autorinnen und Autoren relativ unkompliziert die Möglichkeit, sich als Rezensenten zu versuchen. Meist genügt eine formlose Anfrage, um mit den Betreibern in Kontakt zu treten und sich so als potenzielle Rezensentin oder potenzieller Rezensent vorzustellen. Ist man dann als Autorin oder Autor einmal aufgenommen, so durchläuft die eigene Buchbesprechung zumeist keine aufwändigen redaktionellen Begutachtungen mehr, sondern findet relativ unkompliziert und vor allem schnell ihren Weg zur Veröffentlichung. Der Autorenstamm der privaten Foren ist somit ein außerordentlich breiter. Zu ihm zählen Studierte und Nichtstudierte, Wissenschaftler/-innen genauso wie Journalist/-inn/en, aber vor allem interessierte Leserinnen und Leser.

Zum anderen sind sicherlich die Eigenlogiken des World Wide Webs für das Anwachsen vieler privater Rezensionsportale verantwortlich. So unterscheidet das Internet bei Recherchen kaum zwischen wissenschaftlichen, journalistischen oder anderweitig redaktionell geprüften Rezensionen und den eher freien Besprechungen der Laien-Foren. Suchmaschinen zeigen bei einer Bücher- oder speziellen Rezensionssuche ihre Treffer nahezu gleichberechtigt an und hierarchisieren nicht nach Seriositäts- oder Professionalitätsstufen. Dies ist ein großer Vorteil für die vielen verschiedenen privaten Portale, da sich Aufmerksamkeit im Netz eher nach der Anzahl von Verlinkungen, Aktualisierungen oder bestimmten Schlüsselbegriffen richtet. Insgesamt muss hier aber vor allzu eilfertigen Etikettierungen gewarnt werden, die das Rezensionswesen im Internet streng zwischen seriös und unseriös trennen. Freien privaten Portalen ist es mittlerweile gelungen, viele fundierte Besprechungen zu veröffentlichen, die zum Teil sogar wissenschaftlichen Prinzipien zu entsprechen vermögen. Dies bereitet dem Leser oft große Schwierigkeiten, da sich die Grenzen zwischen Aufrichtigkeit und Gefälligkeit, Professionalität und Dilettantismus insbesondere im Netzzeitalter zunehmend auflösen.

Der zweite hier interessierende Sektor sind die *wissenschaftlichen Rezensionsforen.* Sie veröffentlichen neben den freien, privat organisierten Plattformen die meisten Buchbesprechungen im Internet. In ihrer Anlage unterscheiden sie sich zunächst kaum von wissenschaftlichen Zeitschriften und Rezensionsjournalen, oftmals gingen sie sogar aus ihnen hervor. So setzen mittlerweile viele Wissenschaftsjournale auf eine Verkürzung des Publikationsweges sowie erweiterte Platzkapazitäten und stellen die von ihnen betreuten Rezensionen parallel zur Druckausgabe kostenfrei ins Netz; nur einige wenige verlangen Abonnementgebühren. Die Unabhängigkeit von Verlagen, Druckereien und Lieferanten, von Druckseiten und Raumvorgaben hat die akademische Rezensionslandschaft dabei jedenfalls enorm beschleunigt und verbreitert. Denn eingedenk dieser neuen Freiheiten haben sich in den letzten zehn Jahren auch zahlreiche neue wissenschaftliche Rezensionsjournale gegründet, die ausschließlich über das Internet veröffentlicht werden. Hier abonnieren Leserinnen und Leser keine Druckausgabe einer Zeitschrift mehr, um an die gewünschten Rezensionen zu gelangen, sondern melden sich bei den entsprechenden Redaktionen an und bekommen infolgedessen über Mailinglisten regelmäßig die neuesten Buchbesprechungen an den eigenen Arbeitsplatz geliefert. Viele Internetforen, wie etwa *Sehepunkte* oder *H-Soz-u-Kult* für die Geschichtswissenschaften, *literaturkritik.de* (kostenpflichtig) für die Literaturwissenschaften oder *pw-portal.de* für die Politikwissenschaften, konnten sich daher rasch zu führenden Rezensionsplattformen ihrer jeweiligen Disziplinen hocharbeiten und Leserzahlen erzielen, die etablierte Zeitschriften nicht einmal annähernd erreichen (Hohls 2004;

Helmberger 2004; Heinemann 2008). So kommt beispielsweise *H-Soz-u-Kult* auf über 20.000 Mail-Abonnenten.

Die Hauptunterschiede zwischen wissenschaftlichem Rezensionswesen in Zeitschriften und im Internet liegen also vornehmlich im Bereich der Distribution und Zugänglichkeit. Textformen und Gepflogenheiten blieben zunächst unberührt. Doch mit dem Schlagwort *Web 2.0*, das die interaktiven, kollaborativen und auch sozialen Dimensionen des Internets betont, deuten sich allmählich auch Veränderungen an der Basis des Rezensierens an. Beispielhaft dafür steht die 2010 ins Netz gerufene Plattform *recensio.net* (Landes 2011). Zum einen geht es hier um die Zusammenstellung vieler verstreuter internationaler Rezensionen aus Zeitschriften und anderen Netzportalen, alles im Sinne der Open-Access-Idee – insgesamt sicherlich eine wichtige Einrichtung, die die Wissenschaftskommunikation erheblich erleichtern dürfte, aber noch keine wirklich revolutionäre Idee. Zum anderen setzt sich *recensio.net* aber auch zum Ziel, genau den Korridor zu betreten, den bereits *Facebook* und *Twitter* aufgestoßen haben – und genau hier geht es an die Substanz tradierter Rezensionstechniken. Denn neben der Sammlung von Buchbesprechungen soll die Plattform auch Autoren die Möglichkeit bieten, ihre eigenen Arbeiten in kurzen Zusammenfassungen vorzustellen. Dies müssen dann nicht unbedingt Monografien oder Sammelbände sein. Auch Aufsätze können dargestellt werden. Jene Abstracts werden dann wiederum von anderen registrierten Nutzern kommentiert. Was daraus entsteht, beschreiben die Verantwortlichen von *recensio.net* selbst als „lebendige Rezensionen", eine Buchbesprechung also, die sich aus kurzen Statements und Eindrücken zusammensetzt. Den Vorteil sehen die Betreiber/-innen nun vor allem darin, dass Arbeiten beurteilt werden können, ohne sie tatsächlich ganz gelesen haben zu müssen. So kann beispielsweise der Soziologe das soziologische Kapitel eines eigentlich politikwissenschaftlichen Buches kommentieren, die Germanistin den germanistischen Teil einer kunsthistorischen Arbeit oder der Philosoph den philosophischen Abschnitt einer erziehungswissenschaftlichen Studie.

Fächergrenzen könnten somit leichter überschritten werden. Dies ist in jedem Fall zutreffend, dürfte doch die Hemmschwelle, als Fachfremder Teilaspekte eines Buches prägnant zu kommentieren, wesentlich geringer sein, als es gleich in einer ausführlichen Rezension zu besprechen.

Allerdings geht mit dieser Modifikation des ursprünglichen Rezensionsgenres ein nicht ganz unproblematisches Eingeständnis einher. Man trage einem „veränderten Rezensionsverhalten im Wissenschaftsbetrieb" Rechnung. Zumeist hätten Forscher/ -innen kaum noch die Zeit, eine vollständige Rezension über ein Buch zu verfassen, das sie in Gänze durchgearbeitet haben. Somit schlägt man also vor, dem expandierenden Buchmarkt mit *Patchwork-Rezensionen* zu begegnen, die sich hauptsächlich aus Teilaspekt-Kritiken zusammensetzen. Kompositionen sowie thematische Verknüpfungen, die zu den wichtigsten Elementen eines Buches zählen, werden so der Kritik eher entzogen. Zudem scheinen die Verantwortlichen dieser neuen 2.0-Rezensionsforen, die sich auch in Frankreich, Italien oder Großbritannien steigender Beliebtheit erfreuen, den Selbstregulierungsmechanismen der Netzgemeinde noch nicht ganz zu vertrauen. Denn in den meisten Foren behalten sich die Redaktionen ein Prüfungsrecht für Webkommentare vor. Erst nachdem die Verantwortlichen Kritiken als publizierbar eingestuft haben, werden sie für alle sichtbar. Das akademische Niveau soll so auch im digitalen Zeitalter gewährleistet bleiben, sodass wir es hier höchstens mit einer Art „Web 1.5" zu tun haben, wie es die *Süddeutsche Zeitung* 2011 treffend formulierte (Waha 2011).

Inwieweit diese Rezensionsrevolution auf Raten also tatsächlich das Besprechungswesen zu revolutionieren vermag, ist noch nicht absehbar. Ansätze, die Möglichkeiten des Internets auch für den Ausbau des Rezensionsgenres ganz zu nutzen, sind zweifelsohne zu beobachten. Auch ein Bewusstsein, dass insbesondere das Rezensionswesen auf den sich ständig erweiternden wissenschaftlichen Buchmarkt reagieren muss, scheint deutlich ausgeprägt. Nicht nur die Neugründung von Foren wie *recensio.net* spricht hier eine deutliche Sprache. So hat sich beispielsweise das seit 2000 online erscheinende Kultur- und Literaturmagazin *perlentaucher.de* zu einer der wichtigsten Instanzen in der Vermittlung von Buchkritiken entwickelt. Denn über *Perlentaucher* ist es möglich, Publikationen nach Themengebieten zu recherchieren und gleich mit Inhaltsangaben von dazugehörigen Zeitungsrezensionen versorgt zu werden.

Festzuhalten bleibt damit, dass die Rezension mittlerweile fest im Netzzeitalter angekommen ist. Im Internet hat sie traditionelle Stile weiter zementiert, aber auch neue Wege eingeschlagen. Sie hat in ihrer digitalen Publikationsform gedruckte Formate nicht vom Markt gedrängt, sondern ergänzt die altbekannten Zeitungs- und Zeitschriftenformate. Eingangs haben wir noch Prozesse wie Pluralisierung, Demokratisierung oder Liberalisierung als populäre Netzphrasen infrage gestellt. Vor dem Hintergrund der hier aufgeführten Beispiele sind sie gewiss weiterhin mit großer Vorsicht zu verwenden. Letztlich aber beschreiben sie doch recht treffend einige der auf dem Weg befindlichen Entwicklungen des digitalen Rezensionswesens.

# Rezensionen finden

Wir werden uns zunächst damit beschäftigen, wie man Rezensionen findet und beschafft. Das geht in den letzten Jahren immer einfacher online – aber eben nicht immer. Und es wäre fatal, wenn man sich vollständig auf die digitalen Möglichkeiten verlassen würde. In der Praxis gehen On- und Offline-Recherche ohnehin immer so eng Hand in Hand, dass die Trennung, die wir hier einführen, eine rein heuristische ist. Das werden Sie sehr bald bei Ihrer eigenen Suche merken.

### Erste Anlaufstelle: die IBR

Wer wissenschaftliche Literatur sucht, wird – ganz gleich, ob on- oder offline – zu einem bibliografischen Hilfsmittel greifen. Das erstrangige Hilfsmittel dieser Art ist für Rezensionen die *Internationale Bibliographie der Rezensionen geistes- und sozialwissenschaftlicher Literatur* (IBR). Ursprünglich lediglich als Zusatzreihe zur *Bibliographie der deutschen Zeitschriftenliteratur* („Abt. C Bibliographie der Rezensionen", 1900-1943, entsprechend der übergeordneten Reihe *nur deutschsprachige Titel*) gegründet, wurde das Projekt 1971 als *Internationale Bibliographie der Rezensionen wissenschaftlicher Literatur* erstmals wieder aufgenommen und erscheint seit 1983 unter dem jetzt aktuellen Namen. Der Schwerpunkt der IBR liegt deutlich im Bereich der Geistes- und Sozialwissenschaften, dort vor allem bei interdisziplinären und den großen disziplinären Zeitschriften; kleinere Blätter werden in der Regel nicht erfasst. Für die nur gedruckt benutzbaren Bände 1971-1985 gibt es mehrere Indexbände, unter anderem auch einen systematischen nach Schlagworten. Seit einigen Jahren kann die IBR aber auch als CD-ROM bzw. online befragt werden. Die deutliche Einschränkung: Verzeichnet werden hier nur Rezensionen *ab 1985*. Wer auf der Suche nach aktuellen Besprechungen ist, den wird das nicht stören – aber Besprechungen älterer Literatur sind hier nur bedingt zu finden. Derzeit (April 2011) enthält die Datenbank rund 1,5 Millionen Nachweise, die monatlich aktualisiert werden. Die Druckausgabe erscheint weiterhin halbjährlich. Jährlich kommen on- wie offline ca. 50.000 bis 60.000 Einträge neu hinzu.

**Linktipp**

Eine vollständige aktuelle Liste der ausgewerteten Zeitschriften steht auf dem Server des Anbieters unter http://www.degruyter.de/files/pdf/9783598690839Quellenliste(d).pdf zur Verfügung.

Nachgewiesen werden in der IBR grundsätzlich nur die bibliografischen Angaben. Volltexte oder Abstracts finden sich hier nicht.

Die meisten größeren (Universitäts-)Bibliotheken in Deutschland haben einen Online-Zugang zur digitalen Ausgabe der IBR, sodass man auch bequem aus dem Uni-Netz recherchieren kann. Aus diesem Online-Angebot können einzelne Titel ebenso wie ganze Ergebnislisten exportiert werden, beispielsweise per E-Mail oder an eine Literaturverwaltung.

**Linktipp:** Elektronische Literaturverwaltung

http://doktorandenforum.de/tipps/literaturverwaltung.htm
stellt eine gute Liste einschlägiger Programme und Links mit Kurzkommentaren zur Verfügung

http://opus.bibliothek.uni-augsburg.de/volltexte/2010/1611
stellt die Ergebnisse einer Umfrage zum Thema Services für die Literaturverwaltung an wissenschaftlichen Universitäten in Deutschland zusammen

Und ganz grundsätzlich gilt: Schauen Sie einmal auf die Internetseiten Ihrer Hochschulbibliothek oder Ihres Hochschulrechenzentrums. Die meisten deutschen Hochschulen bieten mittlerweile Literaturverwaltungsprogramme für Mitarbeiter/-innen und Studierende über eine Campuslizenz kostenlos an.

# *Umgang mit Datenbanken und Suchmaschinen*

Wenn die IBR nicht weiterhilft oder wir von vornherein annehmen können, dass Rezensionen zu dem für uns interessanten Werk (noch) nicht oder nur zum Teil verzeichnet sind, hilft nur die eigenständige Recherche. Dafür hält das Internet heute eine Menge willkommener Hilfsmittel, aber auch einige Stolperfallen bereit – mit beidem wollen wir uns in den folgenden Absätzen beschäftigen. Dabei geht es vom Allgemeinen aufs Spezielle, von grundsätzlichen Suchtechniken zu konkreten Datenbankangeboten.

> **Literaturtipp:** Recherche
>
> Rödiger Voss: Wissenschaftliches Arbeiten ... leicht verständlich! Stuttgart 2010 (UTB 8447), S. 57-70
>
> Fabian Franke, Annett Klein, und André Schüller-Zwierlein: Schlüsselkompetenzen: Literatur recherchieren in Bibliotheken und Internet, Stuttgart 2010

## Helfer für den Umgang mit Datenbanken und Suchmaschinen

Gerade Internetsuchmaschinen, durchaus aber auch Datenbanken und bibliographische Kataloge, haben sich in den letzten Jahren rasant entwickelt, was die Ausdifferenzierung und Benutzerfreundlichkeit ihrer Suchmöglichkeiten angeht. Viele mögliche Fehlverhalten werden beinahe unbemerkt abgefangen, viele interne Faktoren berücksichtigt, um die ausgegebenen Ergebnisse noch mehr auf den oder die jeweilige(n) Benutzer(in) abzustimmen.

Das kann natürlich auch nach hinten losgehen. Wer weiß etwa schon, nach welchen Kriterien Google die Ergebnisse einer Suchanfrage auswirft?

Der wichtigste Helfer bei einer Suchanfrage ist sicher der sogenannte *Asterisk (\*),* von franz. *astérisque,* Sternchen. Mit diesem Zeichen werden einzelne Suchworte abgekürzt. Eigentlich kommt es aus den Computerwissenschaften, dort nennt man es eine *wildcard*, weil man damit beliebig viele Zeichen in einer Zeichenkette ersetzen kann – so ähnlich wie mit einem Joker. Warum sollte man aber eigentlich ein Suchwort abkürzen? Das kann man (1.) aus purer Faulheit tun, um nicht den gesamten, am Ende sehr komplizierten Suchbegriff tippen zu müssen. Man kann es (2.) aus purer Not heraus tun, wenn man etwa einen abgekürzten Titel findet und der Sprache oder des Abkürzungscodes nicht mächtig ist, um ihn aufzulösen. Dies ist insbesondere bei Titelsuchen, etwa in einem Bibliothekskatalog, sehr hilfreich. Man kann es aber auch (3.) tun, um möglichst viele unterschiedliche Flexionen, Varianten und Komposita eines Suchwortes bei der Suche mit einzuschließen. Ein Beispiel macht das sofort einleuchtend:

| Suchbegriff | bringt als Ergebnis |
|---|---|
| Kunstpädagogik | **nur** Kunstpädagogik |
| kunstpädagog* | Kunstpädagogik, Kunstpädagoge, kunstpädagogisch/e/r/n ... etc. pp. |

Die meisten Datenbankformulare sind nur auf die gebräuchlichste Art des Asterisk eingerichtet, nämlich die Verwendung *am Wortende*. Das nennt man dann *trunkieren*. Nur ganz wenige unterstützen den Platzhalter in seiner vollen Funktion, nämlich an beliebigen Stellen im Wort, z.B. auch am Anfang: *geschichte ergäbe dann Treffer für sämtliche zusammengesetzte Begriffe (Kirchengeschichte, Kunstgeschichte, Sozialgeschichte, Technikgeschichte etc. pp.).

**Achtung!** In manchen Systemen könnte statt des Asterisks auch das Fragezeichen als Joker dienen. Das ist nicht sehr verbreitet, aber schauen Sie für alle Fälle, wenn die Suchergebnisse ausbleiben, einmal in die Hilfefunktion der entsprechenden Datenbank oder Suchmaschine.

Die wichtigste Methode bei der Suche nach bereits bekannten, längeren Wortketten – wie nämlich etwa einem Buchtitel, wie das bei der Suche nach Rezensionen häufiger passieren könnte – ist die *Wortfeldsuche*. Damit findet man eine beliebige Anzahl von Worten, die durch Anführungsstriche gruppiert werden, in einer festgesetzten Reihenfolge. Deshalb ist es wichtig, dass man eine exakte Vorstellung davon hat, was man sucht, und die eingegebene Wortfolge auch richtig ist. Tippfehler führen hier noch rascher als bei der Einzelwortsuche zur Ergebnislosigkeit. Manche Suchmaschinen, z.B. Google, aber nur wenige Datenbanken und Kataloge (z.B. mit Einschränkungen derjenige der Universitätsbibliothek Bielefeld), erkennen auch innerhalb von Wortfeldern Abweichungen zu vorliegenden Datensätzen und können beim Ausbleiben von Ergebnissen Vorschläge für alternative Suchen unterbreiten. Und beachten Sie: Der Asterisk funktioniert in der Regel nicht innerhalb von Wortfeldsuchen.

Als dritten wichtigen Helfer bei der überlegten Datenbankabfrage sollte man die nach ihrem Erfinder sogenannten *Bool'schen Operatoren* kennen. Dabei handelt es sich um Operatoren, die einzelne Suchbegriffe auf eine logische Art miteinander verknüpfen. Damit können Sie das Ergebnis Ihrer Abfrage entscheidend beeinflussen. Die Tabelle auf der folgenden Seite zeigt die drei wichtigsten und gebräuchlichsten dieser Operatoren.

Wortfeldsuchen und Bool'sche Operatoren lassen sich in den meisten Datenbanken und Suchmaschinen nicht oder nur sehr bedingt miteinander kombinieren. Häufig kann man aber wenigstens zwei Wortfelder mit entsprechenden Operatoren verknüpfen.

Und noch ein Letztes zur Formulierung von Suchabfragen, was Ihnen möglicherweise auch bei den angeführten Beispielen aufgefallen ist: *immer klein schreiben!* Auch innerhalb von Wortfeldsuchen. Die meisten Datenbanken ignorieren Groß-/Kleinschreibung ohnehin, manche aber nehmen Großschreibung als exklusives Kriterium und unterbinden dann alle Ergebnisse, in denen das jeweilige Suchwort klein geschrieben ist (andersherum in der Regel nicht). Das verengt die Treffermenge dann, wenn bspw. mit dem Asterisk gearbeitet wird.

## Datenrecherche

| Operator | Beispiel | Erläuterung |
|---|---|---|
| AND (Schnittmenge) | charlieANDchaplin<br><br>findet alle Dokumente, in denen „Charlie Chaplin", aber auch „Chaplin, Charlie" vorkommt – und Kombinationen, in denen beide Worte weit voneinander entfernt vorkommen | Es müssen **alle** Suchbegriffe im gesuchten Dokument vorkommen. Entsprechend sind die Ergebnisse **sehr exakt** und vergleichsweise wenige. Gegenüber der *Wortfeldsuche* hat diese Strategie den Vorteil, dass die beiden (oder mehrere) Suchbegriffe nicht notwendig nebeneinander stehen müssen. |
| OR (Vereinigungsmenge) | charlieORchaplin<br><br>findet alle Dokumente, in denen **entweder** „Charlie" **oder** „Chaplin" vorkommt – **also sehr, sehr viele** | Es muss **mindestens einer** (können aber auch alle) Suchbegriffe vorkommen. Entsprechend höher ist hier die zu erwartende Zahl der Resultate und entsprechend ungenauer sind die Suchergebnisse. |
| NOT (Differenzmenge) | charlieNOTchaplin<br><br>findet alle Dokumente über jedweden Charlie, aber **nicht** Charlie Chaplin | Es darf **nur der erste, nicht aber der zweite** Suchbegriff vorkommen. Diese Suche ist besonders dann geeignet, wenn man einen Begriff sucht, der typischerweise in Kombination mit einem anderen auftaucht (z.B. pisaNOTturm), genau diese Kombination aber *nicht*, sondern das eher Atypische gesucht ist. Bei Personennamen kommt das zum Beispiel häufiger einmal vor (z.B. chaplinNOTschauspieler). |

## Kataloge und Literaturdatenbanken

Wer Rezensionen schreibt, braucht natürlich Bücher. In der Regel nicht nur das zu besprechende. Wir können an dieser Stelle keine allgemeine Einführung in die Literaturrecherche geben – das wäre auch wenig sinnvoll. Aber es sollte wenigstens ein verlässliches Grundgerüst für die Orientierung an die Hand gegeben werden.

Das kann auch bei der Suche nach schon vorliegenden Rezensionen oft hilfreich sein. Und darum geht es ja unter anderem in diesem Kapitel in ganz grundlegender Weise.

Kennen sollte jede versierte Rechercheurin und jeder versierte Rechercheur zumindest den *Karlsruher Virtuellen Katalog* (KVK). Mithilfe dieses ‚Meta-Katalogs' kann man auf die Kataloge praktisch aller öffentlich-wissenschaftlichen Bibliotheken Deutschlands und eine große Zahl ausländischer Kataloge zugreifen, d.h., über eine gemeinsame Suchmaske werden Anfragen an eine große, vom Benutzer selbst steuerbare Anzahl von Katalogen geschickt und die Ergebnisse gebündelt ausgegeben. Natürlich ist der KVK nur so gut wie die von ihm gebündelten Kataloge: Manche verzeichnen etwa Zeitschriftenbeiträge und Rezensionen, die meisten aber nicht. Diejenigen, die es tun, können das im Grunde niemals erschöpfend. Online-Rezensionen allerdings findet man darüber häufig ausgesprochen gut, weil die einzelnen Bibliotheksverbünde sie gern in den jeweiligen Buchdatensätzen mit verlinken. Deshalb lohnt eine rasche KVK-Abfrage zu Beginn der Suche. Man darf sich nur nicht zu viel davon versprechen.

> Karlsruher Virtueller Katalog (KVK)
> http://www.ubka.uni-karlsruhe.de/kvk.html
>
> Aufsatzdatenbank JADE
> http://www.ub.uni-bielefeld.de/databases/jade

Was für Buchkataloge gilt, gilt auch, aber in weit geringerem Maße, für die große *Aufsatz*datenbank *JADE*. Sie weist mehr als 50 Millionen Aufsätze in mehr als 30.000 Zeitschriften nach. Dazu zählen im Einzelfall, je nach Dichte der Erfassung der jeweiligen Zeitschrift (die variieren kann), auch Rezensionen.

Nicht nur, um einmal gefundene Dokumente (z.B. eben Rezensionen) rasch und bequem auf den eigenen Schreibtisch zu befördern, auch für die Recherche können *Volltext- und Abstractdatenbanken* hilfreich sein. Die Erfolgschancen für Letzteres hängen im Wesentlichen von zwei Faktoren ab, nämlich:

| | |
|---|---|
| JSTOR (Journal Storage) | Zeitschriftenarchiv, das auch retrodigitalisierte Aufsätze im Volltext zur Verfügung stellt. Geistes- und Sozialwissenschaften sind hier deutlich stärker vertreten als Naturwissenschaften. Insgesamt finden sich hier derzeit (April 2011) rund 1.500 Zeitschriftentitel mit knapp 3 Millionen Aufsätzen. Man kann übergreifende Suchen ebenso formulieren wie nach Fächern und Titeln browsen. |
| EBSCO (Electronic Journals Service) | Mehrsprachige Zeitschriften- und Aufsatzdatenbank für alle akademischen Fächer – wahrscheinlich das derzeit größte Angebot weltweit. Auch Medizin und Jura sind hier stark vertreten. Neben Volltexten finden sich hier häufig auch Abstracts. |
| DigiZeitschriften | Ein rein deutschsprachiges Archiv von etwas über 150 großen wissenschaftlichen Zeitschriften, häufig historischer oder philologischer Provenienz. Jahrgänge aus dem 19. Jahrhundert sind häufig kostenfrei, für die neueren ist eine Lizenz notwendig, die aber viele Universitätsbibliotheken mittlerweile besitzen. |
| SSCI (Sciences Citation Index) | Rein bibliografische Datenbank ohne Volltexte, dafür aber häufig mit Abstracts und – deshalb ist der SSCI in den Sozialwissenschaften so wichtig – Nachweis von Zitaten des jeweiligen Werkes anderswo. Das ist gerade für Rezensenten natürlich hilfreich. Vertreten sind über 50 Disziplinen der Gesellschafts- und Sozialwissenschaften sowie der angrenzenden Naturwissenschaften. Insgesamt sind derzeit (April 2011) knapp 4 Millionen Titel nachgewiesen. Der SSCI ist eng verbunden mit dem *Web of Sciences* (ISI). |
| Taylor & Francis. Social Science, Humanity (SSH) Library | Datenbank zu insgesamt ca. 750 Zeitschriften aus den Sparten *Social Sciences and Humanities (SSH)* und *Science, Technical, Medical (STM)*. Volltexte erst ab dem Jahrgang 1997. |
| wiso.net | Größte deutschsprachige Datenbank für die Wirtschafts- und Sozialwissenschaften. Neben internationalen Zeitschriften (zum Teil auch Volltexte) werden auch E-Books, Presse und Marktdaten verzeichnet. Gute Fundgrube für Rezensionen in diesem Bereich. |

## Kataloge und Literaturdatenbanken

– Sind die Zeitschriften, in denen Rezensionen zu erwarten sind, vertreten?
– Ist der Rezensionsteil eines konkreten Zeitschriftenheftes nur kumulativ oder sind einzelne Rezensionen in der Datenbank ausgewiesen?

Dem Eindruck nach scheint Letzteres ein nur geringes Problem zu sein, dessen man sich aber zumindest bewusst sein sollte. Das erste Problem ist ein weiches und in Gänze schlicht nicht einholbar; es gilt für sämtliche Arten der Recherche on- und offline.

Es gibt mittlerweile eine Vielzahl kleinerer Volltextserver und -datenbanken, zumal natürlich auch einzelne Verlage ihre Zeitschriften auf jeweils eigenen edoc-Servern betreuen. Folgende sieben Datenbanken (s. nebenstehende Tabelle) halten wir für die einschlägigsten. Sie sollten in jedem Fall bekannt sein.

Alle diese Angebote sind lizenzpflichtig. In der Regel wird Ihre Hochschule über eine sogenannte Campuslizenz, also einen Zugang verfügen, der auch für Sie die Recherche ermöglicht. Der Zugang wird dann meist über die Internetseiten der jeweiligen Hochschulbibliothek ausgewiesen. Dafür müssen Sie aber vom Rechennetz der jeweiligen Institution aus die Internetseite der jeweiligen Datenbank anwählen.

> **Tipp:** Der Tunnel zur eigenen Uni oder: volles Angebot auch von zu Haus'
>
> Viele der hier genannten Recherchehilfsmittel und Datenbanken benötigen eine kostenpflichtige Lizenz. Die hat Ihre jeweilige Hochschulbibliothek mit etwas Glück angeschafft – viele Bibliotheken halten ja ein großes Angebot solcher Lizenzen für Ihre Nutzer bereit. Der Wermutstropfen: sie sind dann nur innerhalb des Universitätsnetzes nutzbar; also von öffentlichen Arbeitsplätzen oder wenn Sie sich mit einem Laptop und Ihrer Nutzerkennung im WLAN-Netz der Hochschule einwählen. Nun sitzen Sie sonntags daheim, die Uni ist weit weg – wie schade, dass der spannende Aufsatz, der doch über

JSTOR oder EBSCO verfügbar wäre, sich hier nicht öffnen lässt. Also muss alles bis nächste Woche warten, wenn Sie wieder auf dem Campus sind. Oder doch nicht?

In einer solchen Situation hilft ein sogenannter **VPN-Tunnel** („virtual private network"). Das ist keine böse Überwachungssoftware und auch nichts Illegales, sondern ein kleines Programm, das Sie auf Ihrem Rechner installieren und das es Ihnen ermöglicht, sich von zu Hause mit Ihren Nutzerdaten im Netz Ihrer Hochschule einzuwählen. Ihr Rechner bekommt dann eine neue Adresse zugewiesen und tut sozusagen so, als sei er unmittelbar mit dem Hochschulrechennetz verbunden. An manchen Standorten (z.B. an den Hochschulen in Baden-Württemberg) brauchen Sie eine solche Software ohnehin, um sich mit Ihrem Laptop vor Ort auf dem Campus ins WLAN der Hochschule einzuklinken. Schauen Sie einmal auf den Internetseiten Ihres Rechenzentrums oder fragen Sie die Mitarbeiter/-innen dort. Viele Hochschulen bieten diese Möglichkeit bereits an – und es ist eine große Arbeitserleichterung.

Keine Recherche ohne Suchmaschine – natürlich. Die benutzen wir alle, in der Regel vielleicht sogar tagtäglich. Die allgemeinen Internetsuchmaschinen (z.B. Google, Yahoo oder Bing) möchten wir hier nicht noch einmal eigens vorstellen; jede(r) wird schon ihre bzw. seine eigenen Erfahrungen damit gemacht haben.

**Linktipp:** Bielefelder Suchmaschinen-Tutorial und Tutorial zur Online-Recherche

http://www.ub.uni-bielefeld.de/biblio/search/ und
http://www.ub.uni-bielefeld.de/help/tutorial/

Häufig unbekannt dagegen sind die spezifisch *wissenschaftlichen Suchmaschinen*. Deshalb wollen wir Sie wenigstens kurz mit den folgenden drei bekannt machen (s. nebenstehende Tabelle).

Neben diesen drei gibt es noch eine ganze Reihe weiterer, zum Teil auch spezialisierter wissenschaftlicher Suchdienste. Sie sind nicht immer ganz trennscharf von Verbunddatenbanken und

# Kataloge und Literaturdatenbanken

| | |
|---|---|
| GoogleScholar<br>http://scholar.google.com | Die wissenschaftliche Suchmaschine des großen Anbieters befindet sich noch im Beta-Stadium und erntet daher derzeit (April 2011) noch viel Kritik. Das heißt nicht, dass sie nicht schon mit guten Ergebnissen genutzt werden kann. Man muss sich aber bewusst halten, dass die Zahl der durchsuchten Dokumente noch vergleichsweise klein ist. *GoogleScholar* arbeitet ähnlich einem Citation-Index (wie oben der *SSCI*), d.h., es werden unterhalb des jeweiligen Treffers auch die Anzahl der Zitationen angezeigt. Klickt man darauf, erhält man eine neue Trefferliste. Da die Zahl der Zitationen bei der Gewichtung der Trefferlisten eine große Rolle spielt, erhält man in der Regel zunächst die Klassiker und häufig zitierte, ältere Literatur. Das muss man bei einer Suchabfrage bedenken. |
| Scirus<br>http://www.scirus.com | *Scirus* ist eine kommerzielle, an den Amsterdamer *Elsevier*-Verlag angeschlossene Suchmaschine, die derzeit rund 400 Millionen Dokumente, darunter zahlreiche Volltexte, durchsucht. Abstracts sind in der Regel kostenlos einsehbar, die Volltexte häufig nur gegen eine Gebühr oder für lizensierte Nutzer. Der Schwerpunkt der Indizierung liegt in den technischen, medizinischen und den Naturwissenschaften. *Elsevier* betreibt auch die kostenpflichtige Zitations- und Abstractdatenbank *Scopus*, die mehr als 16.000 peer-reviewed Zeitschriften indiziert (mehr Informationen finden Sie unter http://www.info.scopus.com). |
| BASE<br>http://base.ub.uni-bielefeld.de | Die *Bielefeld Academic Search Engine* (BASE) durchsucht wissenschaftliche Dokumente, die frei im Internet zugänglich sind („Open Access"). Sie ist eine der weltweit größten solcher Angebote und dafür mehrfach preisgekrönt. Ein Quellenverzeichnis (über die Navigation links einzusehen) gibt Auskunft über die durchsuchten Bereiche. |

Metasuchen zu unterscheiden. Unser Tipp: Die Praxis spricht dafür, nicht mit zu vielen Datenbanken und Suchmaschinen auf einmal zu hantieren. Sonst geht mehr Zeit verloren, als die Ergebnisse Gewinn bringen. Nutzen Sie einige wenige große Anbieter und – wenn vorhanden – ein oder mehrere für Ihre jeweilige Disziplin einschlägige Angebote.

> **Lektüretipp:** Wissenschaftliche Suchmaschinen
>
> Canan Hastik, Alexander Schuster und Aleksander Knauerhase: Wissenschaftliche Suchmaschinen: Usability Evaluation und Betrachtung des Suchverhaltens potentieller Nutzer, in: Information, Wissenschaft und Praxis 60, 2 (2009), S. 61-74

Wie findet man nun diese Angebote? Wissenschaftler(innen) sind gewohnt, bei der Literatursuche zu einem bibliographischen Hilfsmittel zu greifen. Im World Wide Web ist das im Grunde ganz ähnlich – man greift zu einer Linkliste (die heißt dann manchmal auch „Web-o-graphie") oder man besucht eine Einstiegsseite, die auf einschlägige, (hoffentlich) geprüfte Angebote verweist: also auf *Portale*. Die gibt es für jedes große Fach und mittlerweile auch für fast jede kleine (Sub-) Disziplin, manchmal sogar mehrere konkurrierende Angebote. Wir haben uns bemüht, im Anhang einige solcher Seiten für den Einstieg zusammenzustellen. Häufig gibt auch die Einführungsliteratur zu Ihrem jeweiligen Fach in dieser Hinsicht einiges her. An dieser Stelle möchten wir nur auf zwei Verbundprojekte hinweisen, die solche Portale für Sie zusammenstellen:

> Virtual Library
> http://www.vlib.org
>
> Vascoda
> http://www.vascoda.de

Die englischsprachige *Virtual Library* (VL) und das deutschsprachige Projekt *Vascoda* teilen ein gemeinsames Ziel: den Zugang zu fach- bzw. themenspezifischen wissenschaftlichen Internetportalen durch einen betreuten Linkkatalog zu vereinfachen. Im Detail und in der Organisation unterscheiden sich beide freilich voneinander. Während die *VL* – der wohl älteste Linkkatalog des Internets – im Wesentlichen auf freiwilliger Basis von Individuen betreut wird, stehen hinter *Vascoda* häufig institutionell gebundene Betreiber, die über einen gemeinnützigen Verein („vascoda e.V.") organisiert sind. Das Projekt, das ursprünglich ähnlich einer VL strukturiert war, ist seit Januar 2011 als Blog online. Über die Menüleiste oben rechts lässt sich aber weiterhin eine Liste der beteiligten Fachportale abrufen. Sie sollten einmal einen Blick in das oder die für Sie einschlägige(n) Portal(e), sowohl im englisch- als auch im deutschsprachigen Angebot werfen, denn in der Regel weisen diese Portale Rezensionsorgane und -internetseiten für das eigene Fach aus.

Noch ein letzter Tipp: Angelehnt an die *Virtual-Library*-Bewegung haben sich schon früh auch im deutschsprachigen Raum Angebote entwickelt, die sich *Virtuelle Bibliotheken* nennen. Eine kurze Suchmaschinenabfrage „virtuelle bibliothek + Ihr Fach" wird Ihnen verraten, ob das auch für Ihre Disziplin der Fall ist. Diese Webangebote werden, wie ihre angloamerikanischen Vorbilder, in der Regel von Individuen, z.B. Wissenschaftlerinnen und Wissenschaftlern an Hochschulen, betrieben, manchmal aber auch entsprechend nachlässig gepflegt. Trotzdem lohnt es sich zu wissen, ob für das eigene Fach ein solches Angebot existiert.

**Linktipp:** Der hbz-Werkzeugkasten

http://digilink.digibib.net/cgi-bin/links.pl

(➤ Recherche und mehr ➤ hbz-Werkzeugkasten)

> Der *Werkzeugkasten* des Hochschulbibliothekszentrums NRW (hbz) bietet viele Hilfsmöglichkeiten und einen guten gepflegten Linkkatalog für die Online-Recherche. Der Unterpunkt *Rezensionen* listet zahlreiche Angebote wissenschaftlicher Rezensionen, aber auch zur Literaturkritik auf. Beim letzten Abruf (April 2011) wurden 166 Rezensionsseiten verzeichnet.

## Historische Rezensionen: eine Quelle für die Fachgeschichte

> **Literaturtipp:** Historische Zeitschriften finden
>
> Joachim Kirchner (Hrsg.): Bibliographie der Zeitschriften des deutschen Sprachgebietes bis 1900, 4 Bde., Stuttgart 1969
>
> Jürgen Wilke: Literarische Zeitschriften des 18. Jahrhunderts (1688-1789), Bd. 2: Repertorium, Stuttgart 1978 (= Sammlung Metzler 175)

Kulturwissenschaften sind auf sehr grundsätzliche Weise an der Geschichte interessiert. Das liegt in dem Umstand begründet, dass Kultur sich nicht ohne Geschichte – ganz gleich, wie kurz – denken lässt. Deshalb auch sind fast alle Kulturwissenschaften sehr interessiert an Ihrer eigenen Disziplinen- oder Fachgeschichte. Man betreibt also *Selbsthistorisierung*. Wer über die Geschichte des eigenen Fachs forscht, der interessiert sich natürlich ganz besonders für die Debatten und Diskussionen, die dessen Entwicklung vorangebracht haben, vielleicht auch für einzelne große Vorreiterinnen und -reiter und deren Werke. Und auf beiden Feldern sind Rezensionen eine erstrangige Quelle. Historische Rezensionen sind nicht immer einfach zu ermitteln. Aber es gibt einige Hilfsmittel, die wir Ihnen an die Hand geben möchten. Dafür gibt es in den Kästen jeweils einige Literatur- und Linktipps.

**Linktipps:** Historische Rezensionen online

*Periodicals Index Online (PIO)*
http://pio.ub.uni-frankfurt.de/login

Der Index erlaubt die übergreifende Recherche in mehr als 4.500 Zeitschriften aus den Jahren 1770 bis 2000. Zum Teil werden auch Volltexte geboten. Die Datenbank ist über Hochschulbibliotheken oder nach kostenfreier Lizenzierung auch für private Einzelnutzer (über eine Deutschlandlizenz der DFG) nutzbar.

Retrospektive Digitalisierung wissenschaftlicher Rezensionsorgane und Literaturzeitschriften des 18. und 19. Jahrhunderts aus dem deutschen Sprachraum
http://www.ub.uni-bielefeld.de/diglib/aufklaerung/

Das Digitalisierungsprojekt der Universität Bielefeld stellt über 118.000 Artikel aus 160 Zeitschriften im Volltext mit einer umfassenden Suchfunktion und Verschlagwortung zur Verfügung.

*Systematischer Index zu deutschsprachigen Rezensionszeitschriften des 18. Jahrhunderts*
http://idrz18.adw-goettingen.gwdg.de

Der an der Göttinger Akademie der Wissenschaften angesiedelte Index erschließt ca. 170 deutschsprachige Rezensionsjournale aus den Jahren 1688 bis 1784, ist aber noch im Aufbau begriffen. Das Projekt schließt nicht unmittelbar die Bereitstellung von Volltexten mit ein. Neben dem Bielefelder Digitalisierungsprojekt werden allerdings auch in Göttingen in großem Stil Rezensionszeitschriften digitalisiert: http://gdz.sub.uni-goettingen.de/dms/colbrowse/?DC=rezensionszeitschriften

*Index deutschsprachiger Zeitschriften 1750-1815*
http://gso.gbv.de/LNG=DU/DB=2.13/

Dieser ebenfalls in Göttingen erstellte Index steht in gewisser Weise hinter den beiden zuvor genannten Projekten. Er stellt rund 100.000 Artikel aus 195 deutschsprachigen Journalen und Zeitschriften der Jahre 1750 bis 1815, darunter auch zahlreiche Rezensionen zur Verfügung. Er ist bereits in den Jahren 1975 bis 1987 bearbeitet worden.

# Mit Rezensionen arbeiten

### Rezensionen lesen und bewerten

Eingangs haben wir eine ganze Reihe von Interessen aufgezeigt, mit denen man zu Rezensionen greift. Eines und ein sehr legitimes ist sicherlich die vergleichsweise oberflächliche Information über den Inhalt eines Werkes oder über mehrere Arbeiten zum selben Thema, im Wesentlichen also ein Interesse der *Recherche*. Wer sich auf diesem Leseniveau befindet, wird sich in der Regel nicht viel mehr fragen als:
– Gehört das besprochene Werk in mein Themenfeld?
– Lohnt sich, auf der Grundlage des in der Rezension resümierten *Inhalts* (nicht so sehr: der Bewertung!), überhaupt eine Lektüre?

Auf dieser Ebene sollte man dann aber sehr vorsichtig mit etwaigen Wertungen sein, die in den Rezensionen abgegeben werden. Denn wir befinden uns hier ja noch gar nicht in einem wesentlich reflexiven Kontext, sondern ‚scannen' im Grunde nur. Eine Bewertung wie „in diesem Buch erfahren wir im Grunde nichts Neues" schließt nicht im Geringsten aus, dass Sie in genau diesem Buch einen ganz ungemein hilfreichen Forschungsüberblick finden, der zwar „nichts Neues", aber eben sehr kompakt das bereits Bekannte zusammenstellt.

Wenn wir über die bibliografische Recherche („Was könnte mich interessieren?") hinausgehen, wird es ziemlich schnell normativ. Die Frage ist dann also nicht mehr: Was *könnte* mich, sondern was *sollte* mich interessieren? Dafür sind Rezensionen einleuchtenderweise ungemein hilfreich – aber auch gefährlich.

Besonders interessant wird es natürlich, wenn für Ihre Arbeit einschlägige Werke gleich mehrfach besprochen worden sind. Dann haben Sie eine gewisse Anzahl unterschiedlicher Stimmen aus unterschiedlichen Kontexten. Schlimmstenfalls haben Sie sich *widersprechende* Meinungen. Schlimm ist das vor allem deshalb, weil es Ihnen im Grunde die Notwendigkeit abnötigt, sich für eine der beiden Positionen (oder aber für eine Mittelposition) zu entscheiden. So oder so: Sie kommen nicht darum herum, sich eine Meinung zu bilden.

Ganz gleich, ob Sie mit mehreren oder nur einer Rezension arbeiten: wenn angesichts des Umfangs und der Tiefe der Besprechung eine *nähere Auseinandersetzung* zu lohnen scheint, kommen Sie an einer gründlichen Aufarbeitung nicht vorbei. Dazu brauchen Sie nicht nur die Rezension selbst, sondern auch das besprochene Werk bei der Hand. Ganz grundsätzlich gilt – und zwar für beide Seiten, die Produzenten ebenso wie die Konsumenten: *Rezensionen sollen die Arbeit mit wissenschaftlicher Literatur unterstützen, nicht ersetzen!*

Zunächst sollten Sie sehr allgemein den Ort der Rezension befragen:
– In welchem *Organ* erscheint die Rezension und was kann ich angesichts der dortigen Rezensionsgepflogenheiten überhaupt erwarten? Also z.B.:
– Herrscht ein kritischer Grundton in den meisten anderen Rezensionen?
– An welches Publikum richtet sich das Rezensionsorgan?
– Setzt die Zeitschrift ein bestimmtes Zeilenlimit für ihre Rezensionen (Manuskriptrichtlinien findet man häufig auf deren Internetpräsenz)?

Sodann geht es an die Rezension selbst. Notieren Sie sich oder streichen Sie sich an:
– Welchen *methodischen Zugang* unterstellt die Rezension dem Werk? Wird dieser Zugang dann tatsächlich im Buch explizit oder ist das bereits eine Wertung des Rezensenten bzw. der Rezensentin?
– Das Gleiche gilt für das *Ziel der besprochenen Arbeit:* Wird das überhaupt irgendwo explizit formuliert? Und stimmt das dann mit der Interpretation der Rezension überein?

- Werden *inhaltliche Fehler* bemängelt? Wenn ja: Überprüfen Sie das besser noch einmal.
- Verweist die Rezension auf weitere Literatur? Dann sollten Sie die unbedingt notieren; vielleicht ist sie auch für Sie einschlägig.
- Und zu guter Letzt: Notieren Sie sich besonders einprägsame Formulierungen oder Phrasen, falls Sie die Rezension später *in Ihrer eigenen Arbeit zitieren* möchten.

Mit diesem Set an Fragen haben sich die Rezensionen erst einmal erschlossen, so wie sie Ihnen vorliegen. Wer sich vertieft mit einer Rezension und deren Bewertungen befassen möchte, sollte aber auch etwas *über deren Verfasser/-in* wissen. Sie haben es ja hier mit einer wissenschaftlichen Wortmeldung zu tun, ganz genauso, als läsen Sie eine Studie; nur eben sehr viel kürzer. In der Regel – zumal bei Verfasserinnen/Verfassern, die aus dem universitären Umfeld stammen – hilft bei der Suche das Internet weiter. Fragen, die an den Hintergrund der Rezensentin bzw. des Rezensenten gestellt werden können, wären etwa:

- Hat der Rezensent bzw. die Rezensentin bereits selbst merkbar auf diesem Gebiet geforscht oder gelehrt?
- Haben wir es am Ende gar mit einem ausgewiesenen Experten bzw. einer Expertin auf dem Gebiet zu tun?
- Hat sie bzw. er in diesem Zusammenhang eine Position vertreten, die sich deutlich von derjenigen des besprochenen Werkes unterscheidet?
- Und wenn das der Fall ist, sollte man dringend fragen: Wird diese Arbeit des Rezensenten bzw. der Rezensentin eigentlich im besprochenen Werk auch erwähnt? Und wenn ja: wie?

Sinnvoll erscheint es ferner, insbesondere bei *inter*disziplinären Arbeiten, die *disziplinäre* Herkunft festzustellen. Das hilft auch, mögliche Mängel oder „short comings" aus anderen disziplinären Kontexten angemessener einzuschätzen. Man kann eben nicht in allen Bereichen alles kennen und treffsicher einschätzen. Abzuwägen bleibt dann aber, ob von Verfasserseite genau dieser Anspruch erhoben wird.

> **tipp**
>
> **Handwerk:** Rezensionen zitieren
>
> Oft taucht, gerade bei studentischen Arbeiten, Unsicherheit auf, wie Rezensionen eigentlich korrekt zitiert werden. Wie bei allen Zitationen gibt es dazu konkurrierende Standards und keinen Königsweg. Wenn es keine Richtlinien von anderer Seite gibt, empfehlen wir die einfachste Art, nämlich vergleichbar einem Zeitschriftenartikel, nur mit dem Zusatz „(Rezension zu:)" bzw. „(Rez.)". In der Regel wird man dann die bibliografische Angabe auf das Wesentliche kürzen. Also zum Beispiel:
>
> Isabel Heinemann: (Rez.) Eric D. Weitz, A Century of Genoicde. Utopias of Race and Nation (2003), in: Historische Zeitschrift 279, 2 (2004), S. 518 f.

Wenn die Rezension *merkliche Auffälligkeiten in der Bewertung* nach oben oder unten, also überschwängliches Lob oder vernichtende Kritik, aufweist, die Ihnen nicht ohne Weiteres einleuchten (das ist ja manchmal der Fall), kann es lohnen, sich einmal die *Beziehungen* im Umfeld dieser Besprechung anzuschauen. Also etwa:
– Kommt der Verfasser bzw. die Verfasserin aus einer bestimmten ‚Schule', von einer bestimmten Doktormutter bzw. einem bestimmten Doktorvater?
– Und wie sieht selbiges für den bzw. die Rezensent/-innen aus?
– Ist die Studie in einem größeren Kontext (Sonderforschungsbereich, Forschungsprojekt, Auftragsarbeit etc.) entstanden?
– In welcher Beziehung könnten Rezensent/-in und Verfasser/-in zueinander stehen?
– Gibt es möglicherweise frühere wissenschaftliche Kontakte, z.B. eine Rezension des Verfassers bzw. der Verfasserin von einem Werk des Rezensenten bzw. der Rezensentin?

Das alles sind Fragen, die darauf abzielen, der Rezension eine Voreingenommenheit zu unterstellen, die über ein gesundes Maß – gänzlich unvoreingenommen ist man ja nie – hinausgehen. Eine solche Unterstellung stellt die Redlichkeit des Rezensenten bzw. der Rezensentin in Frage und ist deshalb eine heikle Angelegenheit.

Sie zu untermauern ist in gewisser Weise investigativ und vor allem häufig *hochspekulativ!* Man sollte daher umso vorsichtiger mit vorschnellen Einschätzungen – und vor allem: vorschnellen Vorwürfen – sein. Das vor allem, wenn sie öffentlich passieren: Es ist das eine, wenn Sie eine Rezension für befangen und daher als für sich selbst wenig bis unbrauchbar einschätzen, oder aber, ob Sie öffentlich einer Kollegin bzw. einem Kollegen mangelnde wissenschaftliche Redlichkeit unterstellen. Das soll kein Aufruf zur Rückgratlosigkeit, wohl aber zur Umsichtigkeit sein.

> **Lektüretipp:** Werk und Rezensent unter den Augen eines Dritten
>
> Siegfried Sudhof: Der Wissenschaftler als Leser, in: Franz-Heinrich Philipp (Hrsg.): Information und Gesellschaft. Bedingungen wissenschaftlicher Publikation, Stuttgart 1977, S. 77-88
>
> In diesem schon etwas betagten, aber immer noch lesenswerten Aufsatz beschreibt Sudhof den Fall eines Rezensenten, der allzu vorschnell gegen den Verfasser des von ihm besprochenen Werkes zu Felde zieht – und darüber nur sich selbst und seine wissenschaftliche Unzulänglichkeit decouvriert.

## Kritik lernen: Rezensionen im (Hochschul-)Unterricht

Dass Rezensionen als wissenschaftliche Fachtexte im Hochschulunterricht ebenso gewinnbringend eingesetzt werden können wie Aufsatzliteratur, liegt im Grunde auf der Hand. Der Geschichtsdidaktiker Hans-Jürgen Pandel hält sie grundsätzlich selbst *in der Schule* für gewinnbringend einsetzbar – dann allerdings weniger die fachwissenschaftliche als beispielsweise die Zeitungsrezension; und auch die erst ab einer gewissen Altersstufe. Allerdings: „Wenn Metanarrationen ihren eigentlichen Schwerpunkt auch in der gymnasialen Oberstufe haben, so kann bereits ab dem 7./8. Schuljahr darauf hingearbeitet werden (Schülerinnen und Schüler bewerten gegenseitig ihre Darstellungen)" (Pandel 2009, 68). Im Deutschunterricht schließlich werden Literaturrezensionen häufiger eingesetzt – und zwar von beiden Seiten: lesend und schreibend.

Rezensionen sind mittlerweile aber auch ein gern eingesetztes Mittel, *wissenschaftliches Schreiben* und *wissenschaftliche Kritik* im Hochschulunterricht zu üben. „Rezensionen von Studierenden im Rahmen der Einführungsseminare sind gute Übungen", empfehlen beispielsweise Lothar Kolmer und Carmen Rob-Santer (Kolmer/Rob-Santer 2006, 92). Das sind sie wirklich. Aber sie sind es nicht aus sich heraus. Es braucht eine *klare Anleitung*, die über einige allfällige Allgemeinplätze, was Rezensionen sind und wollen, hinausgehen. Und es braucht vor allem *praktische Hinweise*.

Wir zumindest haben wiederholt die Erfahrung gemacht, dass Rezensionsarbeit selbst bei einem überschaubaren Umfang – einem sonst ja für Rezensionen unüblichen Aufsatz nämlich – und unmittelbarem Bezug zum Seminarthema Studierende der ersten Semester im Grunde deutlich überfordert. Das liegt vor allem daran, dass die Bewertungskriterien unklar sind, das Genre entweder so gut wie unbekannt („Rezensionen ... da sag ich doch so, wie mir ein Buch gefällt") oder die vermeintlichen Anforderungen abschreckend und uneinholbar („ich überblicke den Forschungsstand doch gar nicht?!") sind. Die letztgenannte Sorge kann man etwas abschwächen, indem man statt von einer „Rezension" von einer *Studienbesprechung* spricht. Damit wird etwas deutlicher, dass es sich im Wesentlichen um *textimmanente* Arbeit handelt und nur innerhalb eines gewissen Rahmens – der je nach Studierendengruppe natürlich variiert, den Sie aber so oder so *sehr genau angeben* müssen – der Forschungskontext kritisch mitgeführt werden muss. Natürlich gibt es Situationen, in denen Sie diesen Rahmen sehr weit spannen können; z.B. am Ende eines intensiven Forschungsseminars mit fortgeschrittenen Semestern. In der Regel aber werden Sie den Rahmen sehr eng bemessen (müssen). Denn häufig wird die Buchbesprechung als didaktisches Mittel ja gerade nicht am Studien*ende* (wo sie unseres Erachtens nach sehr sinnvoll ist), sondern eher am Studien*anfang*

## Kritik lernen: Rezensionen im (Hochschul-)Unterricht

(wo sie sinnvoll sein kann, aber auch massive Probleme mit sich bringt) eingesetzt. Das einleitende Zitat weist sehr direkt darauf hin. So oder so hat die Abfassung von Buchbesprechungen im Hochschulunterricht natürlich prinzipiell dieselben positiven Effekte für das eigene wissenschaftliche Arbeiten, die sie auch nach Beendigung des Studiums noch haben:

– Sie zwingen die Studierenden ein Buch gründlich von vorne bis hinten durchzulesen, sich dessen Struktur und Argumentation zu vergegenwärtigen; ferner
– sich knapp und präzise auszudrücken und
– Kriterien von Wissenschaftlichkeit und deren angemessener Präsentation zu entwickeln.

Das ist ein Lernprozess, der durch ständiges Üben vorangetrieben wird. Und ohne Frage sind Rezensionen oder Studienbesprechungen dafür ein gutes didaktisches Mittel. Studierende müssen aber mindestens zweierlei wissen, bevor man Ihnen aufträgt, eine Studie kritisch zu besprechen:

– Was *ist* eigentlich eine Rezension bzw. eine Studienbesprechung? (also: „Was wollen Sie eigentlich von mir?")
– Wie kann ich *selbst eine verfassen?* (also: „Wie werde ich Ihren Anforderungen gerecht?")

Zur Beantwortung der ersten Frage haben wir gute Erfahrungen mit einer nur leicht abweichenden Fassung des Textes gemacht, der als Zusammenfassung am Ende dieses Bändchens (S. 121-126) geboten wird. Er fasst sehr knapp zusammen, was Rezensionen sind, welche verschiedenen Typen es gibt und was landläufig und in sehr verallgemeinerter Form zu beachten ist. Von diesem sehr *allgemeinen* Eindruck muss man dann aber dringend auch auf das *Spezielle* kommen. Vor allem muss die spezifische Differenz zwischen dem, was man allgemein als „Rezension" bezeichnet und dem, was Sie konkret von Ihren Studierenden erwarten, deutlich gemacht werden. Die Problematik des Forschungsüberblicks ist ja bereits angesprochen worden.

Das nachfolgende *Arbeitsblatt* scheint uns eine gute Hilfestellung für Studierende zu sein. Es ist selbstverständlich nur ein Vorschlag und sollte der eigenen konkreten Lehrsituation angepasst werden. Wichtig ist, dass Arbeitsauftrag und formale Anforderung klar und *schriftlich* festgehalten werden. Hilfreich ist es auch, im Vorhinein Transparenz über die Notengebung zu schaffen. Besonders ein Hinweis auf ein „Kriterium für überdurchschnittliche Leistung", also für eine Note im Einser-Bereich, hat unserer Erfahrung nach viel Konfliktpotenzial aus der Kommunikation zwischen Lehrenden und Studierenden genommen und die Qualität der Arbeiten deutlich gesteigert, weil dann deutlich ist, dass nicht die bloße Erfüllung eines Arbeitsauftrages schon die 1.0 rechtfertigt.

---

**tipp**

Handreichung für die Erstellung einer Rezension/Studienbesprechung

*Arbeitsauftrag*

Besprechen Sie das Buch von xy. Achten Sie besonders auf eine präzise Vorstellung der Ziele, Vorgehensweise und Ergebnisse. Nehmen Sie eine Einordnung in den durch die im Seminar behandelten Arbeiten umrissenen Forschungskontext vor (s. Handapparat in der UB!). Weitere Literatur können, müssen Sie aber nicht verwenden (Kriterium für überdurchschnittliche Leistung).

*Gliederungsvorschlag:*

[0. ggf. ein oder zwei allgemeine Einführungssätze zur Forschungslandschaft *im Allgemeinen* oder zur Aktualität der Studie]

1. Einstieg
   a. Ausgangsfrage, These(n) oder Ziele der Studie?
   b. Eigene Verortung? Wem schließt man sich an oder führt man weiter bzw. von wem setzt man sich ab? Oder eröffnet die Arbeit einen ganz neuen Diskussionsraum?

2. Vorgehen, Inhalt, Ergebnisse
   a. Methodischer Zugang?
   b. Material- bzw. Quellengrundlage?

# Kritik lernen: Rezensionen im (Hochschul-)Unterricht

   c. Großgliederung der Studie? Wird das Vorgehen irgendwo transparent gemacht?
   d. Was sind die zentralen Ergebnisse und in welchem Kontext sind diese von Bedeutung?
   e. Gibt es besondere Elemente oder Inhalte, die einer Erwähnung wert sind (z.B. besondere „Serviceleistungen", wie ein Quellenanhang, eine beigefügte CD-ROM, Farbabbildungen etc. pp.)?

3. Kritische Würdigung
   a. Halten Sie Zielsetzung und Herangehensweise für schlüssig?
   b. Stimmen die Vorgaben der Einleitung (z.B. hinsichtlich des Vorgehens oder der Methode) mit der tatsächlichen praktischen Durchführung überein?
   c. Ist formal sauber gearbeitet worden, der Stil zugänglich oder eine Hürde?
   d. Wird die Beziehung zwischen den Thesen bzw. der Fragestellung der Arbeit und dem Material, diese zu bearbeiten, deutlich und plausibel?
   e. Leuchten Ihnen die Ergebnisse ein? Halten Sie diese für wichtig oder nebensächlich?
   f. Gibt es Arbeiten, die Sie für einschlägig halten, die hier aber nicht berücksichtigt wurden?

Formale Anforderungen:

- 5 bis 6 Seiten in Times New Roman, 12 pt, 1/2-zeilig, Rand 2,5 cm oben/unten/rechts/links
- bitte nicht weniger, aber auch *nicht mehr*
- kein Deckblatt, kein Inhaltsverzeichnis, kein Literaturverzeichnis, aber:
- vollständige bibliografische Angabe vor die eigentliche Besprechung
- Name, Matrikelnummer, E-Mail-Adresse im Anschluss
- abzugeben bis **xx.yy.zzzz**
- wörtliche Zitate (seien Sie sparsam!) ggf. mit Nachweis der Seitenzahl in runden Klammern [also z.B. „...." (S. 11)], keine Fußnoten
- weitere Literatur, die Sie ggf. benutzen, wird mit Fußnoten nachgewiesen

Es versteht sich von selbst, dass ein solches Arbeitsblatt nicht nur ausgeteilt, sondern auch besprochen werden will. Am besten macht man das anhand von Beispielen. Zugleich müssen aber auch die einzelnen Großfragen(komplexe) erläutert und auf *mögliche Stolperfallen* hingewiesen werden. Aus unserer Erfahrung wären das vor allem:

– *Die Studierenden kennen bislang (bestenfalls) hauptsächlich Seminararbeiten.* Diese haben eine spezifische Struktur – und die wird häufig auf die Rezensionen bzw. Studienbesprechungen übertragen. Ein wenig kann man das durch gezielte formale Hinweise, wie auf dem Arbeitsblatt geschehen, abfedern. Es sind aber auch inhaltliche Vorstellungshürden, die überwunden werden müssen. Man muss sich sehr bemühen, den Studierenden die grundsätzliche Andersartigkeit der Textsorte „Rezension" deutlich zu machen – am besten durch Beispiele. In diesem Zusammenhang gehört auch die häufig zu beobachtende:

– *Unsicherheit im Umgang mit Fußnoten.* Studierende lernen, dass alles nachgewiesen werden muss, was sie in einer Hausarbeit schreiben. In einer Rezension gilt das natürlich auch – aber mit anderen Maßstäben. Vor allem wird viel weniger Literaturarbeit verlangt, als das bei Hausarbeiten der Fall ist. Und auch im Umgang mit dem besprochenen Buch muss die Sparsamkeit bei den Seitennachweisen (ob als Zitat oder in Paraphrase) erst noch eingeübt werden.

– *Gewichtungsprobleme mit Groß und Klein.* Häufig haben Studierende Probleme, die Ergebnisse einer Studie angemessen zu gewichten, zwischen großen, zentralen Ergebnissen und kleinen Details zu unterscheiden. Das nimmt ab, je besser sie in der Thematik schon zu Hause sind. Dennoch muss auf das Problem hingewiesen und – am besten an einem Beispiel – der Umgang damit eingeübt werden.

– *Lesespaß ist – mit ganz wenigen Ausnahmen! – kein Kriterium für die Bewertung wissenschaftlicher Literatur.* Studierende, vor allem ganz junge, kennen das manchmal noch von

Buchbesprechungen, die sie in der Schule verfassen mussten („*Literaturkritik*"!). In diesem Zusammenhang:
— *Die Frage nach dem Stil der Arbeit kann auf eine falsche Fährte locken.* Sie fragt nicht so sehr nach der subjektiven Einschätzung („ich fand's schwer zu lesen ..."), sondern nach einem intersubjektiven Maßstab von ‚Zumutbarkeit'. Bewegt der Verfasser bzw. die Verfasserin sich in einem esoterischen, stark von disziplinärer Terminologie aufgeladenen Duktus, der für weniger Eingeweihte kaum mehr verständlich ist? Wird regelmäßig mit dem Gestus des „bekanntlich ist ja ..." weggewischt, was eigentlich der Erklärung bedürfte? Das wären Fragen, die man in dieser Ausführlichkeit auf kein Arbeitsblatt bringen, die man aber durchaus mit Studierenden besprechen kann.

Sie sehen schon: Studierende zur Abfassung von Rezensionen oder Studienbesprechungen anzuleiten ist also ein gutes Stück Arbeit. Die Erfahrung zeigt, dass es sich lohnt, aber viel Vorbereitungs- und noch mehr Korrektur- und Nachbereitungszeit kostet. Die hat man häufig in den ohnehin engen Seminarplänen nicht. Mit großer Wahrscheinlichkeit werden Sie feststellen, dass es sich trotzdem lohnt, diese Zeit zu investieren. Wenn man sie aber partout nicht hat, sollte man gut überlegen, ob man sich und den Studierenden mit einem sehr gestauchten und entsprechend deutlich weniger betreuten Versuch einen Gefallen tut.

# Rezensionen schreiben

## Lese- und Erarbeitungstechniken

Am Anfang einer jeden Rezension steht das Lesen. Denn die umfassende Kenntnis des zu besprechenden Textes ist die wichtigste Voraussetzung für eine gute Kritik. Deshalb möchten wir in diesem Kapitel zunächst einige Hinweise auf die zentralen Lesetechniken geben. Strategien und Methoden gibt es viele, und an ihrer Basis weisen sie anfangs noch zahlreiche Gemeinsamkeiten auf. Unterscheidet man allerdings nach bestimmten Textgattungen, so ändern sich die idealen Lese- und Erarbeitungstechniken. Lyrische Texte sind dementsprechend anders zu lesen als fachwissenschaftliche; belletristische anders als Sachbücher. Interessieren wird uns hier aber gemäß unseres Themas nur die Erarbeitung fachwissenschaftlicher und anderer Sachtexte im Kontext des Rezensionenschreibens. Dafür schlagen wir einen vierstufigen Arbeitsplan vor, der dabei helfen soll, die zu besprechenden Texte systematisch zu erschließen. Erfahrenere Rezensentinnen und Rezensenten werden hier sicherlich den ein oder anderen Arbeitsschritt zusammenfassen oder sogar ganz überspringen. Für Einsteiger empfiehlt es sich jedoch, die einzelnen Stufen gezielt zu durchlaufen.

### 1. Schritt: Textgattung erschließen

Zu Beginn einer jeden Erarbeitungsphase sollte man zunächst die genaue Textgattung erschließen. Innerhalb der fachwissenschaftlichen Literatur sowie im Sachbuchbereich lassen sich grob sechs unterschiedliche Formen unterscheiden, die bei Rezensenten und Rezensentinnen auf dem Schreibtisch landen können:

## I. Monografie:

Die Monografie zählt formal zur selbständigen Literatur und ist ein in sich thematisch geschlossenes Buch meist einer Verfasserin bzw. eines einzelnen Verfassers. Koautorschaften sind möglich, aber eher selten. Monografien erschließen in der Regel systematisch einen bestimmten Gegenstand oder spezielle Probleme. Zu ihren häufigsten Unterkategorien zählen unter anderem Biografien, Lehrbücher, Einführungen oder Handbücher. Im wissenschaftlichen Bereich sind Monografien häufig akademische Qualifikationsarbeiten wie die Dissertation oder Habilitation.

## II. Sammelband:

Der Sammelband oder auch das Sammelwerk zählt formal ebenfalls zur selbstständigen Literatur und besteht aus verschiedenen Aufsätzen – welche als unselbstständige Literatur gelten – unterschiedlicher Autorinnen und Autoren zu einem übergeordneten Thema. Sammelbände werden von einem oder häufig auch mehreren Autorinnen und Autoren herausgegeben. Zumeist gehen sie aus Konferenzen hervor, weshalb man sie dann auch Tagungsbände nennt.

## III. Festschrift:

Die Festschrift ist eine sehr spezielle und traditionelle Publikationsform, die in ihrer Anlage dem Sammelband sehr ähnlich ist. Sie erscheint meist zu runden Geburtstagen oder anderen Jubiläen verdienter Wissenschaftlerinnen und Wissenschaftler und versammelt verschiedene Beiträge von Freunden oder Schülern der Jubilare. In der Regel ist die Festschrift thematisch etwas heterogener als beispielsweise ein Tagungsband, da sie oft nur grob an einem Oberthema ausgerichtet ist.

## IV. Zeitschrift:

Die (wissenschaftliche) Zeitschrift erscheint periodisch und druckt in jeder ihrer Ausgaben verschiedene Aufsätze und Artikel, häufig auch Miszellen, Rezensionen und andere kürzere Textformen. Thematisch sind wissenschaftliche Zeitschriften eher offen und grenzen ihre Felder meist nur disziplinär ab. Mitunter geben einige Zeitschriften, vor allem die jährlich erscheinenden, sog. Themenhefte heraus, deren Format dann sehr stark an Sammelbände erinnert. Diese thematisch geschlossenen Ausgaben werden dann auch häufig zur Rezension vergeben.

### V. Quellenband/Textedition/Anthologie

Der Quellenband veröffentlicht viele verschiedene Schriften – in den meisten Disziplinen als Primärtexte bezeichnet – zu einem bestimmten Überthema, einer Zeitperiode, einem bestimmten Autor oder einer Institution. Herausgegeben wird der Quellenband oder die Textedition vornehmlich von mehreren Autoren, einem Institut oder Verlag. In der Regel werden die einzelnen Primärtexte von den Herausgebern noch erläutert, kommentiert oder anderweitig erschlossen.

### VI. Lexikon

Das Lexikon ist ein meist, aber nicht immer, mehrbändiges Nachschlagewerk oder Wörterbuch. Es besteht aus einzelnen Lexikonartikeln, die bestimmte Themen oder Begriffe umfassend und zugleich stark komprimiert zu erschließen versuchen. Wissenschaftliche Fachlexika geben zudem den jeweils aktuellen Forschungsstand wieder und halten ferner weiterführende Lektürehinweise bereit. Auch das Lexikon wird häufig von einem oder mehreren Autoren herausgegeben.

Darüber hinaus werden in wissenschaftlichen Kontexten immer wieder *Ausstellungen, Filme* o.Ä. zur Rezension vergeben. Der Erarbeitungsprozess für Rezensenten und Rezensentinnen ist hier sicherlich ein anderer, doch empfiehlt es sich auch hier, als Erstes nach Gattungen zu unterscheiden, etwa nach Wander- oder Dauerausstellungen, Spielfilmen oder Dokumentationen etc. Zudem sind gegebenenfalls die Ausstellungs- oder Kinobesuche ausführlicher vorzubereiten, da sie sich wie beispielsweise die Textlektüre nicht ohne gewissen Aufwand oder Einschränkungen wiederholen lassen.

## 2. Schritt: Textlektüre

Im Anschluss an die Ermittlung der Textgattung folgt die Textlektüre. Die Techniken und Strategien können sich dabei und müssen sich in bestimmten Fällen sogar stark unterscheiden. Erste Differenzen ergeben sich schon in Bezug auf die Vollständigkeit. So ist es beispielsweise kaum zu schaffen, ein mehrbändiges Lexikon ganz durchzugehen oder sämtliche Texte einer umfangreichen Quellenedition zu lesen. Freilich wird dies auch von den Auftraggebern einer Rezension nicht verlangt. Dennoch bleibt aber die systematische Lektüre des zu rezensierenden Textes der entscheidende Faktor einer jeden Buchbesprechung. Mittlerweile gibt es unzählige Handbücher, die Rezepte und Anleitungen liefern, wie der eigene Lesevorgang optimiert werden und möglichst große Früchte tragen kann. Zu den bekanntesten Methoden, die dort vorgestellt werden, zählen sicherlich die SQ3R-Methode (Robinson 1946) sowie die darauf aufbauende PQ4R-Methode (Thomas/Robinson 1972). Beide Modelle finden Sie nebenstehend gegenübergestellt.

Diese zwei sehr ähnlichen Modelle wurden ursprünglich entwickelt, um die Erarbeitung eines Lehrbuchkapitels lesestrategisch zu optimieren. In beiden Fällen steht die Entwicklung von Fragestellungen und das Beantworten dieser selbst gestellten Fragen unverkennbar im Vordergrund. Zurück gehen beide Methoden auf wissenschaftliche Experimente, in denen nachgewiesen wurde, dass insbesondere das Generieren eigener Fragen an den Text die Erschließung und vor allem die Memorationsfähigkeit stark verbessern. All dies sind wichtige Vorteile, die man sich auch als Rezensent bzw. Rezensentin beim Lesen zunutze machen sollte. Denn gerade die schon beim ersten Lesen aufkommenden Fragen können beim späteren Schreiben der Rezension ein wichtiger Leitfaden für die Kritik sein. In vieler Hinsicht aber geht die Textlektüre eines Rezensionsexemplars über die erschließende Lektüre eines Lehrbuchkapitels, auf das Thomas und Robinson in ihrer PQ4R-Methode abzielen, hinaus. Zudem verlangt sie zum Teil ganz andere Strategien, wie etwa das kursorische, selektive

| Arbeits-schritte | SQ3R-Methode | PQ4R-Methode |
|---|---|---|
| 1 | Überblick gewinnen (**Survey**): Aufbau des Buches, auch mithilfe des Inhaltsverzeichnisses, erschließen | Ersten Eindruck gewinnen (**Preview**): Gesamten Text kursorisch lesen oder überfliegen und dabei Thema und Aufbau des Buches, auch mithilfe des Inhaltsverzeichnisses, grob erschließen |
| 2 | Fragen (**Questions**): Fragen an den Text formulieren, um so eigene Interessen und Erwartungen zu wecken | Fragen (**Questions**): Fragen an den Text formulieren, um so eigene Interessen und Erwartungen zu wecken |
| 3 | Lesen (**Read**): Text lesen und dabei die zuvor gestellten Fragen klären | Lesen (**Read**): Text lesen und dabei die zuvor gestellten Fragen klären |
| 4 | Rekapitulieren (**Recite**): Durch Notizen das Gelesene wiederholen und dabei die Kernaussagen mit eigenen Worten und Zitaten festhalten | Nachdenken (**Reflect**): Gelesene Abschnitte reflektieren, um sich so bestimmte Probleme und Argumentationen besser einprägen und zugleich in eine erste kritische Auseinandersetzung eintreten zu können |
| 5 | Rückblick (**Review**): Die eigenen Gedanken und Notizen nochmals mit dem Text, seinen Überschriften und Kapiteln abgleichen und dabei die wichtigsten Aussagen rekapitulieren | Rekapitulieren (**Recite**): Durch Notizen das Gelesene wiederholen und dabei die Kernaussagen mit eigenen Worten und Zitaten festhalten |
| 6 | | Rückblick (**Review**): Die eigenen Gedanken und Notizen nochmals mit dem Text, seinen Überschriften und Kapiteln abgleichen und dabei die wichtigsten Aussagen rekapitulieren |

oder kreative Lesen (von Werder 1994). Darum soll es nun im folgenden 3. Schritt gehen.

## 3. Schritt: Gezielte Erarbeitung des Textes

Der ersten Textlektüre des Rezensionsexemplars schließt sich eine nochmals eingehendere vertiefte Auseinandersetzung mit dem Text an. Insbesondere an dieser Stelle bietet sich sicherlich die Möglichkeit, die im vorangegangenen Schritt vorgestellte Lektüre mit der hier interessierenden vertieften Erarbeitung zu kombinieren. Erfahrene Rezensenten und Rezensentinnen erledigen dies zumeist intuitiv. Das für eine Buchbesprechung wohl wichtigste Kapitel ist die *Einleitung*, und das sowohl bei Sammelbänden und Monografien als auch bei Quellensammlungen, Zeitschriften oder Lexika. Denn hier befindet sich das Schaufenster einer jeden Arbeit. Hier legen Autorinnen und Autoren ihre Motivationen dar, ihre Vorgehensweise, ihre methodisch-theoretischen Grundgerüste, ihre Thesen und Fragestellungen sowie ihre Verortung in den jeweiligen Forschungskontexten. All dies sind zentrale Informationen, die in jeder Rezension eine übergeordnete Rolle spielen. Daher sollte die vertiefte Erarbeitung des Textes genau an dieser Stelle beginnen und im Laufe der weiteren Arbeit immer wieder zu ihr zurückkehren.

Bei der Auseinandersetzung mit der Einleitung empfiehlt es sich besonders, Notizen zu erstellen, Anstreichungen zu machen und Zitate herauszuschreiben. Dies kann in Form von in sich mehr oder weniger geschlossenen Exzerpten geschehen (Rost 2010, 196-200), aber auch durch Schaubilder oder anderweitige Anmerkungen (siehe dazu auch Schritt 4). Wichtig ist dabei, dass in den Exzerpten eigene Gedanken, Paraphrasen und Zitate deutlich voneinander getrennt sind. Denn die Notizen können ruhig, zumal aus Gründen der Arbeitsökonomie, als Grundlage für den späteren Schreibprozess der eigentlichen Rezension dienen. Sollten nämlich hier die Grenzen nicht mehr deutlich zu erkennen sein, muss man bestenfalls später Zitate nochmals von Paraphrasen und eigenen Gedanken trennen. Schlechtestenfalls wandern nicht kenntlich gemachte Zitate in den eigenen fertigen Text und verwandeln die Rezension schnell in ein Plagiat.

Insbesondere bei der Besprechung von Sammelbänden sind

ausführliche Notizen zur Einleitung eine große Hilfe. Hier findet man zumeist das gesamte Themenspektrum der Publikation entfaltet und darüber hinaus häufig eine Kurzzusammenfassung eines jeden Beitrages des Bandes. Da nun die einzelnen Aufsätze in Sammelwerken oftmals nicht mehr en detail auf übergeordnete Zusammenhänge eingehen, sondern vielmehr ihre Spezialstudien entwickeln, läuft man oft Gefahr, die eigentlichen Leitfragen des gesamten Buches aus dem Blick zu verlieren. Ein kurzer Rückblick auf die Notizen zum Einleitungsaufsatz kann da einiges an Abhilfe leisten und womöglich schon erste Kritikpunkte aufscheinen lassen. Denn nicht selten driften gerade bei Tagungsbänden die in der Einleitung formulierten Ziele und die Richtungen der einzelnen Beiträge deutlich auseinander.

Die Konzentration auf die Einleitung ist zugleich ein wesentlicher Bestandteil einer für Rezensenten und Rezensentinnen sehr bedeutsamen Lesestrategie: dem _selektiven Lesen_. Denn wie bereits angedeutet, lassen sich manche Rezensionsexemplare wie etwa Lexika und Wörterbücher kaum in Gänze lesen. Zudem müssen in vielen Fällen Rezensionen unter erheblichem Zeitdruck geschrieben werden, insbesondere im journalistischen Bereich. Das selektive Lesen, wie etwa das Hangeln von Schlüsselwort zu Schlüsselwort, kann somit wichtige Zeitersparnisse mit sich bringen. Aber auch für das wiederholende Lesen bereits bekannter Textabschnitte ist die Selektionskompetenz von unschätzbarem Wert. Möchte man etwa überprüfen, wie schlüssig der Aufbau eines Textes ist, wie gut Übergänge gelungen sind oder wie häufig Wiederholungen auftreten, so gilt es, mit der Lektüre nur wieder an ausgewählten Stellen einzusetzen, an Kapitelanfängen und -enden, an Zwischenfazits oder der Schlussbetrachtung. Bei der Rezension von Lexika empfiehlt es sich beispielsweise, einige zentrale, ausführliche Einträge, aber auch vermeintlich weniger zentrale Artikel stichprobenartig auszuwählen und durchzuarbeiten. Ferner sollte man, gerade im Hinblick auf die Konzeption der Rezension, bei der Lektüre Sachinformationen und Thesen zu unterscheiden lernen. Häufig sind es nämlich die Thesen, an denen die spätere Buchkritik entfaltet wird. Falls vorhanden, können aber auch Sach-, Personen- oder Ortsregister bei der Selektion und gezielten Suche nach bestimmten Informationen helfen.

Das selektive Lesen ist allerdings nur eine der vielen Lesetechniken, die das Rezensieren erheblich erleichtern können. Lutz von Werder schlägt insgesamt neun weitere Methoden vor, die er unter der Kategorie des „kreativen Lesens" versammelt (von Werder 1994, 26-96). Den Rezensenten dürften dabei vor allem zwei interessieren: zum einen das übersetzende Lesen, zum anderen das kritische Lesen. Beim _übersetzenden Lesen_ transferiert der Leser Fremdwörter in allgemeinverständliche Begriffe, komplexe Satzstrukturen in einfachere Narrationen oder Fachsprache in alltägliche Diktionen. Diese Übertragungen sind für Rezensenten nun nicht nur wichtig, um die eigene Texterschließung weiter voranzubringen. Denn gerade in Zeiten, in denen Interdisziplinarität immer wichtiger wird, steigen die Erwartungen insbesondere an das Rezensionswesen, fachfremde Veröffentlichungen auch der eigenen Disziplin zugänglich zu machen. Somit ist das übersetzende Lesen zugleich eine unerlässliche Voraussetzung dafür, später bei der Niederschrift der Rezension disziplinäre Eigenarten entschlüsseln und dem jeweiligen Publikum verständlich machen zu können.

Das _kritische Lesen_ lässt im Vergleich zum übersetzenden Lesen die affirmative Textrezeption noch ein Stück weiter hinter sich. Denn kritische Leser versuchen neben dem reinen Text noch weitere zusätzliche Informationen mit in die Lektüre und Schlussfolgerungen einzubeziehen. So interessieren sie vor allem die historischen und gesellschaftlichen Kontexte, in denen ein Buch entstanden ist, oder die Autorenpersönlichkeit. Argumente werden stärker auf äußere Motivationen hin befragt, Perspektiven und Methoden auf fachspezifische Konventionen zurückgeführt. All diese unterschiedlichen Lesemethoden sollten zusammengefasst fest zum Repertoire des Rezensenten bzw. der Rezensentin gehören. Nicht immer müssen alle Techniken zur Anwendung kommen. Bespricht man beispielsweise eine sprachwissenschaftliche Arbeit für eine linguistische Fachzeitschrift, so lässt sich das übersetzende Lesen stark verkürzen, wird dann doch gerade die Verwendung bestimmter Fachtermini vorausgesetzt. Insgesamt aber liefert der gezielte Einsatz verschiedener Lesemethoden stets auch die Basis für eine komplexe Rezension, die eben nicht ausschließlich referiert oder ausschließlich kritisiert.

### 4. Schritt: Ergebnissicherung

Die Ergebnissicherung ist auch bei der Vorbereitung einer Buchbesprechung ein unerlässlicher Schritt, selbst wenn letztlich der Rezensionstext nur selten über die Drei-Seiten-Grenze hinausgeht. Denn Lesefrüchte zu sichern bedeutet immer auch Reduktion, also einen Text auf seine wesentlichen Aussagen zu reduzieren. Im Vergleich zu anderen Bereichen, etwa dem Literaturstudium, der Prüfungsvorbereitung oder Vortragskonzeption erscheint es jedoch sinnvoll, die Ergebnissicherung für den Rezensenten *weniger zu formalisieren und standardisieren*, als es die meisten didaktischen Lehrbücher versuchen. Ratsam erscheint es vielmehr, ein breites Repertoire an Techniken zu haben, das dabei hilft, die vielen verschiedenen Buchformen sinnvoll zu erschließen. Dazu zählen das Unterstreichen, die Marginalie (Randbemerkung), das bereits erwähnte Exzerpt sowie die Visualisierung.

Das *Unterstreichen* ist sicherlich die Methode, die am wenigsten Ressourcen benötigt und mit der sich zu Beginn viel Zeit sparen lässt. Gerade für eilige Rezensenten ist sie äußerst praktikabel, da sie sich problemlos mit dem Schritt der Textlektüre sowie der gezielten Erarbeitung des Textes kombinieren lässt. Allerdings sollte man im Hinblick auf die Vorbereitung einer Buchbesprechung einige Voraussetzungen im Blickfeld haben:

− Unterstreichen Sie sparsam, denn wenn Sie zu viel markieren, fällt häufig genau der Teil ins Auge, der nicht angestrichen ist.
− Unterscheiden Sie bei Ihren Unterstreichungen zwischen Textstellen, die Ihnen wichtig erscheinen, die Sie in Ihrer Rezension referieren wollen und die Sie kritisieren oder positiv hervorheben wollen − etwa mithilfe mehrfarbiger Unterstreichungen.

– Seien Sie bereit, sich, zum Beispiel bei der wiederholten Textlektüre, von Anstreichungen leiten und den Lesevorgang strukturieren zu lassen. Vertrauen Sie also Ihren eigenen Markierungen.

Ein Nachteil des Unterstreichens liegt vor allem darin, dass bei der späteren Formulierung der Rezension keinerlei Textbausteine oder Konzeptionen vorliegen. Daher empfiehlt es sich, nur als erfahrene Rezensentin bzw. erfahrener Rezensent ausschließlich auf die Technik des Markierens zu setzen. Anfängern sei geraten, zu unterstreichen und gleichzeitig noch weitere Sicherungsmethoden anzuwenden.

So bietet beispielsweise die *Marginalie* oder auch Randbemerkung die wohl sinnvollste und praktikabelste Möglichkeit zur Kombination. Wege, einen Text mit Randbemerkungen zu versehen, gibt es zahlreiche. Besonders empfehlenswert ist es allerdings, den Text durch Marginalien gezielt zu gliedern, und zwar sowohl inhaltlich als auch logisch (Stary 2008, 77-81). Eine inhaltliche Gliederung meint in diesem Kontext, am Textrand Begriffe zu notieren, über die sich Abschnitte inhaltlich erschließen lassen. Dabei kann man sich entweder von der Struktur des Textes leiten lassen, etwa indem man Kapitel oder Absätze mit Stichworten versieht. Oder man bildet eigene Sinnabschnitte, die man dann thematisch mit übergreifenden Marginalien zu strukturieren versucht. Ziel ist es dabei, Schritt für Schritt die Kerngedanken eines Textes zu erschließen und festzuhalten. Arbeiten lässt sich dabei sowohl mit Begriffen, die man aus dem Text entnimmt, sog. Stichwörtern, als auch mit eigenen Termini, sog. Schlagwörtern.

Um einen Text für eine Rezension zu erschließen, empfiehlt sich aber auch dessen logische Gliederung. Mit Randbemerkungen soll hier die Argumentationsstruktur nachvollzogen und entschlüsselt werden. Somit gibt die Marginalie später nicht mehr nur Aufschluss über die Frage, worum es an bestimmten Textstellen geht, sondern auch darüber, wie argumentiert wird, ob es sich um Thesen oder Sachinformationen handelt, um Begründungen oder Schlussfolgerungen, Verallgemeinerungen oder Abstraktionen. Über das logische Gliedern mithilfe von Marginalien lässt sich dementsprechend schon ein hohes Maß an Wertung mit in die Ergebnissicherung bringen. Kombiniert man beide Gliederungsverfahren, können also schon zwei wesentliche Elemente der Rezension, nämlich das Referieren des Inhalts sowie die Bewertung der Argumentation, vorgezeichnet werden.

Das *Exzerpt* ist die wohl bekannteste Form der Ergebnissicherung. Hier geht es nicht darum, den Text in kurzen Randnotizen oder Satzfragmenten zu erschließen, sondern ihn in einem eigenen Text, bestehend aus Zitaten, Paraphrasen oder Kommentaren, zusammenzufassen. Der Aufwand, ein handhabbares Exzerpt zu erstellen, ist im Vergleich zu den anderen hier vorgestellten Sicherungsmethoden sicherlich sehr hoch und mag für viele Rezensenten und Rezensentinnen kaum in Relation zum späteren Endprodukt stehen. Aber gerade unerfahrenen Rezensenten/ -innen sei die Anfertigung eines Exzerptes ans Herz gelegt, nicht zuletzt weil sich spätere Schreibblockaden am ehesten durch den Rückgriff auf die eigene Textzusammenfassung überwinden lassen.

Traditionell unterscheidet man dabei zwei unterschiedliche Arten: das Exzerpieren entlang einer spezifischen oder einer allgemeinen Fragestellung. Im ersten Fall suchen Sie im Text nach Antworten auf Ihre Frage und schreiben diese nieder. Interessiert Sie also, welche Lösungsansätze der Autor für die psychische Bewältigung von Naturkatastrophen vorschlägt, so besteht Ihr Exzerpt folglich aus einem Katalog jener Lösungsansätze. Im zweiten Fall exzerpieren Sie schlichtweg Absatz für Absatz die für Sie wichtigen Inhalte, nehmen Definitionen auf – meist in Form von Zitaten – oder kommentieren einzelne Textpassagen. Wichtig ist dabei, auch das erwähnten wir bereits, dass Sie eigene Formulierungen bereits hier deutlich von wörtlichen Übernahmen trennen, um sich so spätere Ungereimtheiten oder zusätzliche Recherchearbeiten zu ersparen. Ziel des Exzerptes ist es, einen geschlossenen Text zu produzieren, der zum einen die eigene Lektüre und Texterschließung umfangreich sichert, der zum anderen aber auch schon Textbausteine für die Reinschrift der Rezension bereithält.

Die sprachliche Ergebnissicherung ist allerdings nur eine Form der vertieften Auseinandersetzung mit Büchern. Auch mithilfe nichtsprachlicher Zeichen lassen sich Texte zusammenfassen und später rekonstruieren. Für die Vorbereitung auf eine Rezension bietet die *Visualisierung* vor allem fünf Vorteile:
– Visualisierungen sparen Zeit
– Visualisierungen zwingen Sie dazu, sich stärker vom Text zu lösen und eigene Ideen zu entwickeln
– Visualisierungen helfen dabei, Schreibblockaden zu überwinden
– Visualisierungen machen Prioritäten sofort sichtbar
– Visualisierungen sind besonders anschlussfähig und schnell erweiterbar

Typen der Visualisierung gibt es viele. Sicherlich ließen sich auch zahlreiche verschiedene Medien zu Hilfe ziehen, um die eigenen Darstellungen noch professioneller zu gestalten. Insgesamt aber wollen wir hier nur kurz zwei unterschiedliche Verfahren vorstellen, die uns die Arbeit an Rezensionen sinnvoll zu erleichtern scheinen und ohne aufwändigen Medieneinsatz auskommen. Dies ist einerseits die sogenannte *Concept-Map*. Hier erstellt man eine Art Begriffsnetz, um das Konzept eines Textes zu entschlüsseln und seine Strukturen schnell sichtbar werden zu lassen. Die zwei zentralen Kategorien einer Concept-Map sind Begriffe und Relationen. Begriffe geben dabei Aufschluss über Themen. Relationen erklären die Gewichtung, Beziehungen und Verhältnisse. Wenn Sie also zu einem Buch oder Textabschnitt eine solche Concept-Map erstellen, bedeutet dies, dass Sie zentrale Begriffe gemeinsam mit ihren Relationen in einem Schema visualisieren. Dabei empfiehlt es sich zunächst, Begriffe mit Umrandungen, Relationen in Form von Pfeilen oder Linien mit knappen Beschriftungen darzustellen. Diese beiden Elemente werden dann in räumlicher Anordnung zueinander in Beziehung gesetzt. Der Aussagewert eines solchen Schemas ergibt sich dann vor allem durch die Relationen, also die Pfeilbeschriftungen. Hierbei unterscheiden wir eher statische, wie „x entspricht y" oder dynamische wie „x führt zu y". Die wichtigsten abstrakten Relationen seien hier kurz aufgelistet:

| statisch | dynamisch |
| --- | --- |
| entspricht | führt zu |
| ähnelt | hat zum Ziel |
| ist | beeinflusst |
| ist ein Teil von | entwickelt sich aus |
| ist nicht | spricht für |
| ist wie | verändert |
| besteht aus | wirkt als |
| ist Beispiel für | verringert |
| widerspricht | erhöht |

Der Schlüssel zum Erfolg, also zu einer handhabbaren Concept-Map, die den Text sinnvoll erschließt und bei der späteren Formulierung Ihrer Rezension hilfreich ist, liegt in der Detailfülle. Ist Ihre Map sehr differenziert, weist sie viele Begriffe und Relationen auf, so wird sie schnell unübersichtlich und macht so den Vorteil einer Visualisierung schnell zunichte. Bildet sie aber nur die wesentlichen Stich- oder Schlagwörter ab und setzt knappe, aber präzise Relationen, so kann sie problemlos komplexe Argumentationsstrukturen auflösen und eine wichtige Stütze für Ihre Reinschrift sein.

Andererseits stellt aber auch die sicherlich bekanntere, die sogenannte Mind Map eine gute Möglichkeit zur Visualisierung der eigenen Lektüreergebnisse dar. Das Mind-Mapping ist im Vergleich zum Concept-Mapping weniger strikt und stärker assoziativ zu realisieren. Zumeist beginnt man mit der zentralen Idee und hält diese in der Mitte eines Blattes fest. Von dort setzen sich nun alle weiteren Begriffe ab, die ihrerseits wiederum mit weiteren Abzweigungen versehen werden können, ganz ähnlich einem Baum mit seinem Stamm und seinen Ästen. Aufgenommen werden in der Regel nur einzelne Schlüsselbegriffe oder Stichworte, kurze Phrasen sind aber sicherlich auch möglich. Ebenfalls sollten Sie Ihren symbolischen Ideen hier keine Grenzen setzen, sondern differenziert mit unterschiedlichen Zeichen und Bildern arbeiten. Die Erstellung einer Mind-Map kann daher sehr spontan erfolgen und schnell ein ganzes Blatt füllen. Zudem ist sie im Gegensatz zur Concept-Map sehr offen für Veränderungen und Ergänzungen, weil sich problemlos immer wieder neue Äste oder Verbindungen einfügen lassen. Allerdings veranlasst sie Sie weniger dazu, den gelesenen Text logisch zu durchdringen und ein eigenständiges Konzept zu entwickeln. Hier liegen die Vorteile eher beim Concept-Mapping, da ein Begriffsnetzwerk in vieler Hinsicht tiefer dringt. Zu empfehlen sind aber beide Visualisierungsverfahren, auch weil sie ohne große Medienkompetenzen oder künstlerische Fertigkeiten auskommen. Noch dazu können Sie sich ohne Weiteres auch durch geeignete Software unterstützen lassen. Im Internet stehen zahlreiche kostenpflichtige und kostenfreie Softwarelösungen zur Verfügung, wie etwa *Mindmanager* (www.mindjet.com) oder *Freemind* (www.freemind.sourceforge.net). Auf diesen Seiten finden sich zudem auch einige Beispiel-Maps.

**Literaturtipp:** Lesetechniken

Wolfgang Schmitz: Schneller lesen – besser verstehen, Hamburg 2008

Georg Brun, Gertrude Hirsch Hadorn: Textanalyse in den Wissenschaften. Inhalte und Argumente analysieren und verstehen, Zürich 2009

Die hier vorgestellten vier Schritte des Lese- und Erarbeitungsprozesses versprechen in ihrer konsequenten Einhaltung eine nahezu optimale Vorbereitung auf das Anfertigen einer Rezension. Wir haben uns dabei bemüht, möglichst viele Alternativen aufzuzeigen, um den verschiedenen Arbeitsgewohnheiten, aber auch den oft unterschiedlichen Textformen gerecht zu werden. Der Schlüssel zum Erfolg wird allerdings – wie so oft – in der persönlichen Weiterentwicklung der jeweiligen Verfahren liegen, in deren Ergänzung und Kombination. Scheuen Sie sich daher nicht, diesen Ablaufplan nur als Vorschlag anzusehen, und ändern Sie bei Bedarf die Reihenfolge der einzelnen Schritte, fügen Sie Zwischenschritte ein oder lassen Sie bestimmte Phasen aus. Zu bedenken bleibt jedoch, dass auch beim Rezensieren eine eher aufwändig erscheinende Vorbereitung am Ende oftmals doch wieder Zeit sowie Arbeitsaufwand einspart und die Qualität der Besprechung eindeutig erhöht.

## Form und Aufbau

*Handschriftliche Notizen:*
1. Einstieg
2. Inhaltlicher Bericht
3. Reflexion
4. Wertung
5. Einordnung in fachl. Kontexte
d. Methode/Quellen

Die Rezension zählt zweifelsohne zu den Textformen, der sich trotz ihrer langen Tradition nur wenige Lehrbücher gewidmet haben. Dementsprechend basieren gestalterische Aspekte eher auf Gepflogenheiten, die sich innerhalb bestimmter Fächertraditionen oder journalistisch-publizistischer Schulen herausgebildet haben und weniger auf standardisierten Regeln. Wie bei jeder eher offenen Textgattung liegen aber auch der Rezension einige grundlegende Form- und Aufbauelemente zugrunde. Genau um diese Basis soll es im Folgenden gehen.

Ob es sich nun um eine wissenschaftliche Rezension, Literaturkritik oder eine Buchbesprechung in der Presse handelt, in der Regel verfolgt die Rezension zwei übergeordnete Ziele: Zum einen möchte sie einen <u>inhaltlichen Bericht</u> geben, zum anderen unternimmt sie eine <u>Wertung</u>. Schon über diese beiden Grundprinzipien ist die Rezension theoretisch dazu in der Lage, beispielsweise wissenschaftliche Diskussionen anzustoßen oder weiterzuführen. De facto gelingt es Rezensionen jedoch nur selten, wirklich Themen zu setzen, am ehesten leisten dies noch die sogenannten *Rezensionsaufsätze*, in denen gleich mehrere Bücher in längeren Aufsätzen von bis zu zwanzig Druckseiten besprochen werden. Der großen Anzahl von Buchbesprechungen und der langen Tradition des Rezensionswesens mag dieser doch etwas ernüchternde Befund nahezu diametral gegenüberstehen. Potenziale scheinen hier nicht wirklich ausgereizt zu werden.

Insbesondere in der Scientific Community lassen sich einige merkwürdig ambivalente Positionen gegenüber dem Rezensionswesen beobachten. Zum einen scheint eine Rezension der eigenen Veröffentlichungen für die Verfasserin bzw. den Verfasser selbst besonders wichtig zu sein. Immer häufiger begegnen uns beispielsweise Internetauftritte bestimmter Wissenschaftler/-innen, die neben ihren Publikationen gleich direkte Hinweise auf Besprechungen vermerken. Zum anderen aber weisen Veröffentlichungslisten von Wissenschaftlern nur äußerst selten Rezensionen gesondert auf, hin und wieder finden sich zumindest vereinzelte Hinweise, für welche Zeitschriften oder Foren rezensiert wird. Einen noch viel geringeren Wert haben Rezensionen bei Evaluationen, die beispielsweise über Haushaltsmittel entscheiden können, oder bei Bewerbungen, in denen es dem Bewerber bzw. der Bewerberin sogar oftmals zum Nachteil gereichen kann, wenn Buchbesprechungen in die Publikationsliste aufgenommen sind. Denn nicht wenige sind der Auffassung, dass Rezensionen keine wirklich eigenständigen Texte sind, setzen sie sich doch, so die Kritik, lediglich mit fremden Forschungen auseinander.

Allerdings deutet sich in Zeiten, in denen auch die Wissenschaft und Journalistik immer häufiger auf die Möglichkeiten des Internets setzen, ein markanter Bedeutungsgewinn des Rezensionswesens an, der sich zum Teil auch an die vielen Print-Zeitschriften mit Besprechungsteil rückbindet. So hat sich die Erreichbarkeit von Buchbesprechungen enorm verbessert und im Zuge dessen auch die Anzahl an Rezensionsforen und -journalen stark vermehrt (siehe dazu auch S. 44-54). Dieser Wandel ist zugleich eine große Chance, dem Rezensionswesen wieder die Potenziale zu entlocken, die in ihm stecken, und Anerkennung sowie Niveau auf einem konstant hohen Level zu halten. Eine wichtige Grundvoraussetzung dafür, dass die Rezension ihren Ruf als Publikation „minderer Qualität" abstreift, wie Günter Mey schon 2000 beschrieben hat (Mey 2000; Mey 2004), ist daher ein zumindest teilweise formalisierter Aufbau, der alle wesentlichen Kernelemente einer fundierten Buchbesprechung enthält.

Die Basis einer Rezension sind folgende fünf Punkte (naturgemäß beginnt jede Rezension mit der bibliografischen Angabe des besprochenen Buches; die Gestaltung dieser Angabe fällt in der Regel jedoch in den Verantwortungsbereich der betreuenden Redaktion).

## 1. Einstieg, z.B. mit Vorstellung des Autors bzw. der Autorin und der Veröffentlichungsumstände

Auch wenn die Vorstellung des Autors bzw. der Autorin und der Veröffentlichungsumstände quantitativ nur einen sehr geringen Anteil an der fertigen Besprechung ausmacht, so gehört sie doch fest in eine jede Rezension. Informieren Sie daher in gebotener Kürze über den Beruf des Autors, die Art seiner Publikation (Dissertation, Habilitation etc.), wo er beschäftigt oder niedergelassen ist und gegebenenfalls, was ihn zu seiner Veröffentlichung motiviert hat. Eine gute Quelle für derartige Informationen sind Vor- oder Nachworte, Danksagungen oder auch Klappentexte. Nicht selten bekommt man als Rezensent/-in von Verlagen neben dem Rezensionsexemplar in einer Art Werbetext noch einige knappe Informationen über den Autor und sein Werk, den sogenannten Waschzettel. Hier finden sich zumeist alle relevanten Informationen rund um das Buch.

Das alles sollte Sie aber nicht davon abhalten, eventuell auch eigene Recherchen anzustellen und selbst etwas über den Verfasser oder die Verfasserin herauszufinden. Oftmals sind Homepages im Internet eine nützliche Quelle, um Näheres auch über die Selbstdarstellung in Erfahrung zu bringen. Hilfreich können bei bekannteren Personen auch Zeitungsartikel o.Ä. sein. Achten Sie dabei aber darauf, sich nicht in den Recherchen zu verlieren und nehmen Sie nur die wirklich relevanten Informationen mit auf. Wenn Sie beispielsweise über die knappen Hinweise zum Autor bzw. zur Autorin hinausgehen wollen, dann nur, wenn diese Zusatzinformationen zum Verständnis Ihrer Rezension sinnvoll beitragen oder Sie daran bestimmte Argumentationen aufhängen wollen, etwa wenn Sie planen, auf Schulen einzugehen, denen die Autorin bzw. der Autor entstammt. Verknüpfen lässt sich die Autorenvorstellung immer gut mit einem Einstieg, in dem Sie kurz das Buchthema anreißen. Dazu können Sie einen szenischen Einstieg mit einer Episode aus dem zu rezensierenden Werk wählen oder aber auch dessen Gegenstand kurz kontextualisieren.

**beispiel**

Achim Eberspächer: Rezension von Keßler, Mario: Ossip K. Flechtheim. Politischer Wissenschaftler und Zukunftsdenker (1909-1998). Köln u.a. 2007, in: H-Soz-u-Kult, 09.10.2007, http://hsozkult.geschichte.hu-berlin.de/rezensionen/2007-4-026.

[Wenn von Ossip K. Flechtheim heute überhaupt noch etwas bekannt ist, dann sind es seine Bücher zum Thema Zukunft. Tatsächlich steht Flechtheim für weit mehr als die Beschäftigung mit der Zukunft, für die er selbst den Begriff „Futurologie" geprägt hat. In seinem Leben und Wirken in vier Ländern spiegeln sich nicht nur die Brüche und Katastrophen des 20. Jahrhunderts. Es ist auch beispielhaft für das Schicksal zahlreicher Wissenschaftler und Intellektueller, die das nationalsozialistische Deutschland verlassen mussten und später zurückkehrten.][1] [Mario Keßler, der nun die erste Flechtheim-Biografie vorgelegt hat, ist auf diesem Gebiet zweifellos ein ausgewiesener Experte. Von seiner langjährigen Beschäftigung mit emigrierten Intellektuellen – darunter mehreren aus Flechtheims Bekanntenkreis – zeugen zahlreiche biografische Studien.][2]

1] Kontextualisierung des Buchthemas

2] Vorstellung des Autors

Benjamin Städter: Rezension von Gräf, Dennis: Tatort. Ein populäres Medium als kultureller Speicher. Marburg 2010, in: H-Soz-u-Kult, 01.04.2011, http://hsozkult.geschichte.hu-berlin.de/rezensionen/2011-2-005.

[Massenmedien und gesellschaftliche Transformationsprozesse stehen in einem wechselseitigen Verhältnis zueinander. Soziale und kulturelle Veränderungsschübe werden von fiktionalen und nichtfiktionalen Medienformaten nicht nur begleitet und ausgedeutet, oftmals können sie gesellschaftlichen Wandel auch aktiv vorantreiben und gestalten. Die Prämissen einer kulturhistorisch ausgerichteten Mediengeschichte führten in den vergangenen Jahren zu einer Vielzahl von Studien, die analysieren, wie sich Massenmedien und Gesellschaft zueinander verhalten.][3] [Diese Erkenntnisse stehen auch am Beginn von Dennis Gräfs medienwissenschaftlicher Dissertationsschrift über die populäre Kriminalserie „Tatort", die Gräf als kulturellen Speicher der Bundesrepublik versteht.][4]

3] Thematisch-szenischer Einstieg

4] Vorstellung des Autors und der Publikationsform

*Form und Aufbau* 101

## 2. Inhaltlicher Bericht

Das Herzstück einer jeden Rezension ist der inhaltliche Bericht. Hier sollten Sie präzise über das Thema, die Zielsetzung, Anlage und Ergebnisse des zu besprechenden Werkes informieren. Legen Sie dabei auch besonderes Augenmerk auf die Gliederung der Arbeit, ihre Struktur und Argumentationslinien. Die Nutzbarkeit Ihrer Rezension können Sie zudem erhöhen, wenn Sie wichtige Textpassagen mit Seitenzahlen angeben. In Zeiten eines immer stärker expandierenden Buchmarktes sind Rezensionen für viele Leser oft die einzige Quelle, mit deren Hilfe sie sich über Neuerscheinungen informieren. Daher sollte es Ziel der inhaltlichen Zusammenfassung sein, den Autor hier unverfälscht zu Wort kommen zu lassen und seine Schwerpunktsetzungen herauszuarbeiten. Dies kann mithilfe von *Paraphrasen* ausgewählter Passagen oder durch einschlägige *Zitate* erledigt werden. Dazu müssen Sie nicht fortwährend auf die indirekte Rede zurückgreifen. So begegnet uns der inhaltliche Bericht gerade in Zeitungsrezensionen immer wieder auch in Form einer durchgängigen *Narration*, die sich zwar an den Themen der vorzustellenden Schrift orientiert, ihre Inhalte aber eigenständig formuliert. Wendungen wie „der Autor erläutert …" oder „daran anschließend definiert die Autorin …" fallen dann weg.

Wenn Sie bestimmte Themen in Ihrem Bericht hervorheben, was sich gerade bei umfangreicheren Büchern empfiehlt, dann machen Sie diese Betonung als die eigene kenntlich oder begründen Sie, warum gerade diese Textstelle oder jenes Thema eine besondere Beachtung verdient. Ebenfalls sollte hier ein knapper Hinweis auf das anvisierte Publikum und die Publikationsform nicht fehlen, wenn Sie dies in der Autorenvorstellung noch nicht erledigt haben. Oftmals lässt sich dies gut in Phrasen unterbringen wie „in ihrer Kölner Dissertation, die sich vor allem an Religionssoziologen wendet, beschreibt XY …" oder „der Tagungsband zur Konferenz XY unterstreicht …".

**beispiel**

Frank Bösch: Rezension von Keilbach, Judith: Geschichtsbilder und Zeitzeugen. Zur Darstellung des Nationalsozialismus im bundesdeutschen Fernsehen. Münster 2008, in: H-Soz-u-Kult, 17.04.2009, http://hsozkult.geschichte.hu-berlin.de/rezensionen/2009-2-041.

**1]** Vorstellung der Ziel- und Schwerpunktsetzungen

**2]** Angabe zu einer der zentralen Argumentationslinien

**3]** Auflistung der Quellenbasis

[Keilbach grenzt ihren Gegenstand bereits in ihrer Einführung mehrfach ein. Inhaltlich konzentriert sie sich auf den Einsatz von historischem Bildmaterial und von Zeitzeugen, um fernsehtypische Mechanismen der Geschichtsrekonstruktion auszumachen. Ihr geht es dabei um filmische Verfahren und explizit nicht um die Analyse der historischen Wissensbildung durch das Fernsehen (S. 28). Den Wandel der Geschichtsrepräsentationen erklärt sie entsprechend aus der Transformation des Mediums Fernsehen, bei dem generell seit den 1980er Jahren die Visualität zugunsten vormals wortfixierter Erziehungsansprüche dominiere (S. 237-240).][1] [Ebenso schränkt Keilbach ihre Quellenbasis implizit ein, indem sich die Arbeit vornehmlich auf die Filminhalte ausgewählter bekannter Dokumentationen bezieht. Die Produktionen „Das Dritte Reich", „Mein Kampf", „Hitler – Eine Karriere", „Die Deutschen und der Zweite Weltkrieg", „Der Prozeß", „Shoah", „Hitlers Helfer" und „Holocaust" dienen in ihrem Buch als maßgebliche Untersuchungsbeispiele, werden aber durch Seitenblicke auf andere Sendungen ergänzt.][2 + 3]

Benjamin Städter: Rezension von Glasenapp, Jörn: Die deutsche Nachkriegsfotografie. Eine Mentalitätsgeschichte in Bildern, München 2008, in: Fotogeschichte 109 (2008), URL: http://www.fotogeschichte.info/index.php?id=246.

[Robert Lebecks fotografische Visitenkarte von 1960 und deren Geschichte stehen am Anfang von Jörn Glasenapps Studie zur deutschen Nachkriegsfotografie. Dabei stellt der Autor seinen Ausführungen nicht nur einen der Höhepunkte deutscher Pressefotografie voran, er erläutert an ihm sogleich paradigmatisch den analytischen Ansatz, der seinen folgenden Betrachtungen zugrunde liegt: Die Ausdeutung der bildimmanenten Botschaft einzelner Bilder steht nicht allein. Sie wird vielmehr eingebettet in eine „historisch

*Form und Aufbau*

perspektivierte, im hohen Maße kontextsensitive Annäherung" (S. 22) an ausgewählte Fotografien, die sowohl durch ihre ästhetische Qualität, als auch durch ihre gesellschaftlichen Verwendungsweisen in das kollektive Bildgedächtnis der Bundesrepublik Einzug fanden und die Transformationen der deutschen Bildwelten prägten.]⁴ [Mit dem Anspruch, eine „Mentalitätsgeschichte in Bildern" zu erzählen verfolgt der Kultur- und Medienwissenschaftler das Ideal einer „möglichst ausgewogenen Balance fotohistorisch-hermeneutischer Exegese, fototheoretischer Reflexion und weiterreichender kulturwissenschaftlicher Erörterungen". (S. 42).]⁵

**4]** Einführung in den Aufbau und die Thesenbildung der Studie

**5]** Verknüpfung des inhaltlichen Berichts mit der Autorenvorstellung

Peter Hoeres: Rezension von Bajohr, Frank: Hanseat und Grenzgänger. Erik Blumenfeld – eine politische Biographie. Göttingen 2010, in: H-Soz-u-Kult, 22.04.2010, http://hsozkult.geschichte.hu-berlin.de/rezensionen/2010-2-065.

[Unmittelbar nach Kriegsende setzte Blumenfeld seine ganze politische Kraft dafür ein, Hamburg politisch und ökonomisch in der Welt zu reetablieren. Erstaunlich schnell ließ er sich nach 1945 für öffentliche Ämter gewinnen und trat nach einigem Schwanken ob seiner wenig christlichen Orientierung, von Adenauer beeindruckt, der CDU bei. In Hamburg war er als CDU-Politiker angesichts des dort fehlenden christdemokratischen Milieus quasi naturgemäß Oppositionspolitiker. Nur mit dem „Hamburg-Block" aus CDU, FDP, DP und BHE gelang es vorübergehend, eine bürgerliche Regierung zu installieren (1953-1957), in der Blumenfeld als Fraktionsvorsitzender amtierte. Danach drängte Blumenfeld, der neben der Leitung der Familienfirmen „Norddeutsche Kohlen- & Cokes-Werke" (NKCW) und „Bd. Blumenfeld" auch einen Zeitungsfachverlag gründete und in die Elektrobranche einstieg, auf die bundes- und dabei speziell die außenpolitische Bühne. Dort hatte er schon die Nachkriegsbegegnung von Adenauer und Churchill angebahnt und Adenauers Amerikareise vorbereitet. 1961 zog er in den Bundestag ein und engagierte sich nun in den drei außenpolitischen Ausschüssen (Auswärtige Angelegenheiten, Außenhandel, Entwicklungshilfe). Politik hieß für Blumenfeld nämlich in erster, zweiter und dritter Linie:

Außenpolitik. Auch innen- und gesellschaftspolitische Themen setzte er immer in Bezug zur auswärtigen Sphäre. Zusammen mit seinem elitären Verständnis von Politik als Aufgabe von Honoratioren führte dies zu einer Entfremdung von seiner Aufgabe als Hamburger CDU-Vorsitzender, was sein Biograf anschaulich und amüsant schildert. Die Folge war 1968 Blumenfelds Abwahl und Ersetzung durch den erfolgreichen Parteifunktionär Dietrich Rollmann, Typ Helmut Kohl, mit dem Blumenfeld ebenfalls gar nicht konnte. Gleichwohl oder gerade deswegen wurde Blumenfeld in den 1970er Jahren zweimal als eine Art Präsidentschaftskandidat der Hamburger CDU für das Bürgermeisteramt nominiert; beide Male holte Blumenfeld auch gute Ergebnisse. Das Amt blieb ihm, nicht unbedingt zu seinem Verdruss, aber verwehrt.]⁶

**6]** Inhaltlicher Bericht in durchgängiger Narration mit Verzicht auf indirekte Rede

## 3. Reflexion der Methode/Theorie/Quellen

Insbesondere bei der Rezension wissenschaftlicher Publikationen darf eine Reflexion der methodischen Anlage nicht fehlen. Auch sollten Sie, falls vorhanden, die zugrunde gelegte Theorie sowie bei empirischen Arbeiten die verwendeten Quellen einer genaueren Untersuchung unterziehen. Folgende Fragen können die Reflexion strukturieren:

– Welcher Methode/welchen Methoden verschreibt sich der Autor/die Autorin?
– Welchen Nutzen verspricht er/sie sich von dieser Auswahl?
– An welcher Theorie orientiert sich der Autor/die Autorin?
– Wie verortet sich der Autor/die Autorin in der aktuellen Theoriediskussion?
– Welche Quellen zieht der Autor/die Autorin heran?
– Wie begründet er/sie diese Auswahl?

Der Schritt der Methoden-, Theorie- und Quellenreflexion stellt damit ein wichtiges *Bindeglied zwischen dem inhaltlichen Bericht und den wertenden Stellungnahmen* dar. Wenn Sie also beispielsweise das methodische Vorgehen beschreiben, dann sollten Sie zugleich versuchen, die gewählte Methodik genauer zu charakterisieren und eine Verbindung zwischen Anspruch und Umsetzung herstellen. Ähnlich können Sie mit der theoretischen Fundierung verfahren. Gehen Sie von einer kurzen Beschreibung der zugrunde gelegten Theorie zu einer <u>Einschätzung des Erkenntnisgewinns</u> über und unterscheiden Sie dabei die <u>Positionen der Autorin bzw. des Autors</u> von Ihren eigenen. Eine Reflexion der Quellenbasis ist vor allem dann angebracht, wenn Sie eine empirische Arbeit besprechen. Suchen Sie dafür gezielt nach Kapiteln (meist die Einleitungsteile), in denen der Autor/die Autorin seine/ihre Quellenauswahl darlegt und erläutert. Auch hier sollten Sie vom Bericht direkt in eine Einschätzung übergehen.

---

**beispiel**

Benjamin Städter: Rezension von Gräf, Dennis: Tatort. Ein populäres Medium als kultureller Speicher. Marburg 2010, in: H-Soz-u-Kult, 01.04.2011, http://hsozkult.geschichte.hu-berlin.de/rezensionen/2011-2-005.

【Richtigerweise verwirft Gräf gleich im Klappentext seiner Monografie die von populären, weniger analytischen Darstellungen vertretene These, fiktionale Medienformate wie der „Tatort" seien ein Spiegel der Gesellschaft. Er versteht den „Tatort" als einen Seismografen, der gesellschaftliche Schwingungen aufnimmt und im Medienformat des Kriminalfilms reflektiert. Es wäre zu fragen, ob nicht auch diese Metapher schon eine Engführung der Analyse impliziert und das produktive Potenzial fiktionaler Medienformate für gesellschaftlichen Wandel in den Hintergrund rückt. Gräf selbst hat zu Beginn seiner Ausführungen dieses produktive Potenzial im Blick, wenn er etwa betont, der „Tatort" sei (anders als ein Seismograf) sehr wohl in der Lage, gesellschaftliche Diskurse auch zu initiieren (S. 9).】[1]

【Methodisch bedient sich die Arbeit eines narratologischen und eines mediensemiotischen Zugriffs auf ausgewählte Tatortfolgen, die in ihrer Mehrzahl aus den 1970er und 1980er Jahren stammen. Einen Schwerpunkt der narratologischen Analyse bilden dabei Untersuchungen von semantischen Räumen, die in ihrer Gesamtzahl und der Beziehung zueinander die wesentliche Erzählung der

**1]** Vorstellung und Einschätzung der theoretischen Prämissen

Filme konstruieren. Die Konflikte der Filmbeispiele, an denen Gräf grundlegende Erkenntnisse über die durch die Filme vermittelten Wert- und Moralvorstellungen ausmacht, entspannen sich an den Überschreitungen dieser Grenze. Besonders instruktiv geraten Gräfs Analysen von Leerstellen, unter denen der Autor zentrale Bereiche der Norm- und Wertsysteme versteht, die in der filmischen Narration nicht ausgesprochen werden. Sie werden als allgemein bekannt vorausgesetzt und können in der Analyse gerade deswegen als „fundamentale Annahme der Kultur" angesehen werden, die keine explizite Nennung braucht (S. 16).]²

**2] Reflexion der Methode**

Peter Hoeres: Rezension von Bruendel, Steffen: Volksgemeinschaft oder Volksstaat. Die „Ideen von 1914" und die Neuordnung Deutschlands im Ersten Weltkrieg, Berlin: Akademie Verlag 2003, in: sehepunkte 3 (2003), Nr. 11 [15.11.2003], http://www.sehepunkte.de/2003/11/3011.html.

**3] Kurze Reflexion der theoretischen Grundlage**

[Bruendel hat dagegen geholfen, dass er in seinem Ansatz auf den Bielefelder Fakultätsheiligen Max Weber zurückgegriffen hat. Das versachlicht und distanziert die eigenen Bemühungen, geeignete Voraussetzungen, um den Wissensstand zu erweitern.]³ [Eines der Probleme, das sich jedem Erforscher des an sich unzulässig verkürzt „Ideen von 1914" genannten Ideenkomplexes stellt, ist die Ordnung und Selektion der Textmassen. Bruendel wählt hier 150 Gelehrte der geisteswissenschaftlichen Fächer und der Jurisprudenz und Nationalökonomie aus, die Kriterien der Auswahl sind freilich nicht hinreichend transparent. Immerhin haben 3.000 Hochschullehrer die apologetische „Erklärung der Hochschullehrer des Deutschen Reiches" vom 16. Oktober 1914 unterzeichnet, und ein Großteil dieser Gelehrten wurde auch publizistisch aktiv. Hier stellen sich ungeklärte Fragen der Repräsentativität von Bruendels Gelehrten.]⁴

**4] Einschätzung zur Quellenbasis**

*Form und Aufbau*

## Wertung

Neben dem inhaltlichen Bericht zählt die Wertung gewiss zu den wichtigsten Elementen einer jeden Rezension, aber auch zu den schwierigsten (siehe daher auch S. 21-24). Probleme bei der Bewertung sind daher nicht selten und sollten Sie auf keinen Fall verunsichern. Allerdings sind Sie als Rezensent oder Rezensentin auch in der Pflicht, Ihren Lesern eine *seriöse Einschätzung* zu präsentieren, in der Sie Stellung beziehen. Unsicherheiten lassen sich zum Beispiel gut bewältigen, wenn Sie in die Wertung einsteigen, indem Sie ein Werk zunächst an seinen eigenen Vorgaben messen. Inwieweit also hat der Autor sein selbst gestecktes Ziel erreicht? Inwiefern konnte die Autorin ihre eigenen Hypothesen belegen und erläutern? Von dort aus können Sie dann übergehen zu einer Bewertung, die Sie beispielsweise von Detailfragen zu allgemeineren übergreifenden Einschätzungen führt. Hilfreich ist es dabei, wenn Sie systematisch Fragen an den Text formulieren, mit denen Sie alle wichtigen Elemente eines Buches abdecken, also Thema, Aufbau, Umsetzung, Sprache, Ergebnisse. Zur Hilfestellung wollen wir Ihnen hier einige Beispielfragen vorstellen:

### Thematische Ebene

- Wie relevant ist das Thema im Kontext von Forschung und Lehre?
- Wie bedeutsam ist das Thema im Hinblick auf aktuelle gesellschaftliche Entwicklungen?
- Wie ausführlich widmet sich der Autor/die Autorin tatsächlich seinem/ihrem Thema?
- Konnte die Arbeit Ihr Interesse wecken? (insbesondere bei Sachbüchern, die sich an breitere Kreise wenden).

### Methodische und Aufbau-Ebene

- Inwiefern eignet sich die Vorgehensweise des Verfassers/der Verfasserin für die untersuchten Probleme?
- Wie sinnvoll verknüpft der Autor/die Autorin Aufbau und Umsetzung ihrer Arbeit?
- Wo stößt die Arbeit an ihre Grenzen?

*Sprachliche und Darstellungsebene*

- Ist die Arbeit verständlich/präzise/ansprechend formuliert?
- Wie sinnvoll sind Tabellen, Diagramme und Abbildungen in die Arbeit eingebunden?
- Ist der Stil dem Thema und der Problematik der Arbeit angemessen?

*Ergebnis-Ebene*

- Sind die Thesen der Arbeit ausreichend begründet?
- Sind die Ergebnisse überzeugend?
- Ist die Arbeit mit ihren Erkenntnissen anschlussfähig für weitergehende Forschungen?
- Stellt die Arbeit eine sinnvolle Weiterentwicklung ihrer Forschungskontexte dar?

Es ist gewiss kein Muss, alle diese Fragen an den Text zu stellen, um so eine wertende Position zu beziehen. Mitunter reicht es aus, Ihre Einschätzung an ein oder zwei Punkten exemplarisch zu entfalten und darüber zu einer abschließenden Würdigung zu gelangen. Zudem müssen nicht alle Ihre positiven und negativen Kritikpunkte direkt in die Rezension fließen. Nutzen Sie daher Ihre verschiedenen Fragen an den Text auch, um Ihre Eindrücke auf eine breitere Basis zu stellen, Ihrem Urteil also mehr Tiefenschärfe zu verleihen.

**beispiel**

(siehe hierzu auch die Erläuterungen und Beispiele im folgenden Kapitel)

Frank Bösch: Rezension von Horn, Sabine: Erinnerungsbilder. Auschwitz-Prozess und Majdanek-Prozess im westdeutschen Fernsehen. Essen 2009, in: H-Soz-u-Kult, 16.06.2010, http://hsozkult.geschichte.hu-berlin.de/rezensionen/2010-2-203.

[Insgesamt ist die pointierte und knappe Ergebnisbildung des Buches zu begrüßen.][1] [Da Horns Studie anstrebt, Aussagen über den Wandel der Erinnerungskultur zu treffen, hätte die Arbeit sicherlich von einem stärkeren Einbezug medialer Repräsentationen jenseits

1] Herausstellen der Vorzüge

*Form und Aufbau*

ihrer beiden Fallbeispiele profitiert. Ein ganz nebenbei aufgeführter guter Querverweis zur Interaktion mit anderen Darstellungen ist etwa, dass nach der Ausstrahlung der US-Serie „Holocaust" (1979) der bislang recht leere Gerichtssaal beim Majdanek-Prozess aus allen Nähten platzte (S. 67). Über solche Interaktionen wüsste man gerne mehr.]² [Insgesamt handelt es sich aber um eine fundierte Arbeit, die sowohl für die Mediengeschichte als auch für die Erforschung der Erinnerungskultur wichtige Erkenntnisse bringt.]³

2] Orientierung an den selbst gesetzten Maßgaben, dann Ausblick auf weitere Erkenntnismöglichkeiten

3] Abschlusskommentar mit Einschätzung des Erkenntnisgewinns

Achim Eberspächer: Rezension von Hartmann, Heinrich (Hrsg.): Zukunftswissen. Prognosen in Wirtschaft, Politik und Gesellschaft seit 1900, Frankfurt/M. 2010, in: Pro Zukunft 24 (2010).

[Obwohl die Mehrzahl der Beiträge es eindrücklich widerlegt und obwohl die methodische Beschäftigung mit vergangener Zukunft nicht mehr neu ist, scheinen die Herausgeber den Vorwurf mangelnder Wissenschaftlichkeit zu befürchten. Sie tun daher alles, um die Seriosität des Themas zu betonen. Dabei machen sie es manchmal komplizierter, als nötig wäre, wie etwa bei der autoritätenbeladenen Herleitung der Tatsache, dass Zukunft sich nur als Teil der Gegenwart begreifen lässt. Die wichtige Folgerung, dass Zukunftsvorstellungen sich in Krisenzeiten besonders schnell verändern, liest sich dann so: „Gehen wir von einer solchen Verschiebung im Spannungsfeld von Erfahrung und Zukunft aus, wird es nicht verwundern, dass die Zukunftsvorstellungen insbesondere in jenen Zeiten Kapriolen schlagen, in denen die ihnen bislang zugeordneten Erfahrungsräume wegbrechen" (S. 8 f.).]⁴ [Wer sich aber von der teilweise unnötig komplizierten Sprache nicht abschrecken lässt, nimmt aus der Lektüre einiges mit: der Historiker eine relativ unverbrauchte Perspektive auf die Zeitgeschichte, der Zukunftsdenker Relativierungen und Erinnerungen an die Zeitgebundenheit des Zukunftswissens und der engagierte Demokrat einige Aha-Erlebnisse. Wer vieles bringt, wird manchem etwas bringen! Dass er das so detailreich und faktengesättigt tut, ist das Verdienst dieses Bandes.]⁵

4] Kritik an der sprachlichen Umsetzung

5] Bewertung des Erkenntnisgewinns differenziert nach möglichen Publika

## 5. Einordnung in fachliche Kontexte

Schließlich verlangt eine Rezension, insbesondere in wissenschaftlichen Bereichen, immer auch eine Einordnung in den Fachdiskurs, zumal ja nicht nur jede Arbeit, sondern auch jede Rezension ein Ereignis der fachinternen Diskussion ist. Erläutern Sie daher, auf welche Forschung die Arbeit aufbaut, auf welche Probleme sie Bezug nimmt und inwieweit sie Debatten weiterführt, differenziert oder wiederholt. Bedenken Sie dabei, dass sich die Qualität auch einer wissenschaftlichen Arbeit nicht immer daran misst, was an ihr neu ist. Auch die Zusammenführung bisheriger Forschungen ist unerlässlich. Orientieren Sie sich mit Ihrer Kritik daher auch in diesem Bereich an den Zielen, die sich die Autorin oder der Autor selbst in ihrer bzw. seiner Arbeit steckt. Zugleich sollten Sie aber nicht davor zurückschrecken, am Beispiel des von Ihnen rezensierten Buches auch auf Tendenzen innerhalb der Forschung aufmerksam zu machen. Beispielsweise wenn Ihnen auffällt, dass in bestimmten Bereichen kaum noch neue Ergebnisse zutage gefördert werden oder gerade ein ganz neues Feld geöffnet wurde.

Im kulturwissenschaftlichen Sektor mag dies nicht immer einfach sein, bewegen sich doch viele Arbeiten mehr und mehr in disziplinären Grenzbereichen. Sich mit allen berührten Fachdiskussionen auseinanderzusetzen, würde dann schnell die Möglichkeiten und Grenzen einer Rezension überschreiten. Sinnvoll ist es daher, wenn man zunächst dieses Problem schlichtweg zum Befund der eigenen Rezension macht. Somit wird die Interdisziplinarität zum fachlichen Kontext und ist eben genau dort zu verorten und zu diskutieren. Doch die fachliche Verortung einer Arbeit hält auch viele Chancen für den Rezensenten bereit. So bietet sich gerade hier die Möglichkeit zur *Prospektion*, also vorauszuschauen auf mögliche folgende Arbeiten und Entwicklungen der Disziplin. Es lassen sich ergänzende Fragestellungen formulieren und weiterführende Forschungen anregen, nachdem man nun die Erkenntnisse des rezensierten Werkes zur Verfügung hat.

*Form und Aufbau*

Frank Bösch: Rezension von Grünewald, Robert: Medienordnung und Bundesstaat. Zur Medienpolitik der CDU in der Konstituierungsphase der Bundesrepublik Deutschland 1949-1969. Berlin 2005, in: H-Soz-u-Kult, 10.10.2005, http://hsozkult. geschichte.hu-berlin.de/rezensionen/2005-4-020.

⟦Eine Analyse der christdemokratischen Medienpolitik verspricht somit spannende Einsichten in Auseinandersetzungen, die die Grundstrukturen der Öffentlichkeit prägten. Bislang liegen vor allem zum berühmten „Fernsehstreit" neuere Arbeiten vor, aber eine quellengestützte Monografie stand noch aus. Die grundlegenden älteren Studien zur Rundfunk- und Pressepolitik, wie die von Hans Bausch und Heinz-Dietrich Fischer, zeigen zwar Grundlinien auf, hatten aber noch keinen Archivzugang zu den Regierungsakten.⟧[1] ⟦Insofern betritt die kommunikationswissenschaftliche Dissertation von Robert Grünewald, die sich fast durchweg auf ein breites Korpus von Regierungs-, Ausschuss- und Parteiakten stützt, ein gut vorbereitetes, aber neues Feld. Um es vorweg zu sagen: Die Erwartungen, die ein Historiker an einen derartigen Titel stellen mag, löst die Studie trotz ihrer breiten Quellenbasis nicht ein. Das mag im hohen Maße mit ihrer Fragestellung zusammenhängen.⟧[2]

Peter Hoeres: Rezension von Arnold, Klaus Jochen: Die Wehrmacht und die Besatzungspolitik in den besetzten Gebieten der Sowjetunion. Kriegführung und Radikalisierung im „Unternehmen Barbarossa". Berlin 2004, in: H-Soz-u-Kult, 15.03.2005, http://hsozkult.geschichte.hu-berlin.de/ rezensionen/2005-1-191.

⟦Die mit dem Werner-Hahlweg-Preis ausgezeichnete Dissertationsschrift von Klaus Jochen Arnold stellt die Forschung zur Wehrmacht im Ostkrieg auf eine neue Grundlage. Dies liegt zum einen an der äußerst umfangreichen Auswertung der Quellen, vornehmlich aus dem Bundesarchiv, Abbteilung Militärarchiv in Freiburg. Zum anderen an der mit großer Sorgfalt betriebenen Quellenkritik und an dem multifaktoriellen Zugriff auf das Thema.⟧[3] ⟦Damit überwindet

*beispiel*

**1]** Verweis auf Vorstudien im Themenfeld des rezensierten Buches

**2]** Einschätzung zum Stellenwert der Arbeit in ihren Forschungskontexten

**3]** Bewertung der Ergebnisse vor dem Hintergrund bisheriger Forschungen

> **4]** Hinweise auf Weiterentwicklung bisheriger Forschungsperspektiven
>
> Arnold die in der Forschung zu Recht beklagte perspektivische Verengung auf die Wehrmacht im „Unternehmen Barbarossa". Anders ausgedrückt, Arnold gibt dem Feldzug gegen die Sowjetunion den Charakter eines sich reziprok brutalisierenden und radikalisierenden Krieges zurück.]⁴

Die vorweg erläuterten fünf Punkte sind fester Bestandteil einer Rezension. In welcher Reihenfolge sie letztlich miteinander verknüpft werden, ist mehr oder weniger offen. Denn auch eine Buchbesprechung verlangt eine gewisse Dramaturgie und möchte das Interesse des Lesers wecken. Umstellungen des klassischen Aufbaus versprechen daher – seriös eingesetzt – ein gewisses Maß an Abwechslung. Ebenso verlangen bestimmte Buchgattungen oder Themen einen speziellen Aufbau der Rezension. Auch in der Gewichtung der verschiedenen Elemente werden sich im späteren Arbeitsprozess immer wieder Veränderungen ergeben. Die *Besprechung von Sammelbänden* ist hier sicherlich der häufigste Spezialfall. Bei Werken etwa, die zum Teil bis zu zwanzig verschiedene Aufsätze enthalten können, ist es wenig sinnvoll, im inhaltlichen Bericht jedes einzelne Beitragsthema einzeln zu referieren. Viele Zeitschriften und Rezensionsforen weisen in ihren Richtlinien sogar explizit darauf hin, bloße inhaltliche Additionen möglichst zu vermeiden (siehe etwa *www.iaslonline.de* oder *www. sehepunkte.de/richtlinien*). Mehr Bedeutung gewinnen dann die Verortung in fachlichen Kontexten und die Reflexion der methodischen und theoretischen Prämissen. Ähnlich verhält es sich mit einer Rezension von Lexika. Hier empfiehlt es sich, nach einer groben Zusammenfassung des Überthemas einzelne Stichproben zu nehmen und zu versuchen, bestimmte Artikel exemplarisch zu diskutieren. Bei umfangreichen Sammelbänden lässt sich übrigens ähnlich verfahren. Auch hier ist es oftmals ratsam, Beispiele herauszugreifen, sie im Kontext des Buchthemas zu besprechen und zu einer einlässlichen Würdigung heranzuziehen.

*Form und Aufbau* 113

Da sich aber gerade noch unerfahrene Rezensenten mit der freien Kombination der verschiedenen Bausteine schwer tun, möchten wir Ihnen im Folgenden einen Musterablauf an die Hand geben:

**Musterrezension einer Monografie**

(mit etwas angepasster Gewichtung, wie oben beschrieben, auch für Sammelbände, Lexika und Editionen umsetzbar):

| Schritt | Gegenstand | Umsetzung |
| --- | --- | --- |
| 1. | Einleitung | Führen Sie kurz in das Thema ein, indem Sie etwa seine aktuelle Bedeutung hervorheben oder ein markantes Beispiel aus dem Text herausgreifen. |
| 2. | Vorstellung des Autors/der Autorin und der Veröffentlichungsumstände | Stellen Sie in einem Satz den Autor/die Autorin mit seiner/ihrer beruflichen Anbindung vor und erläutern kurz, um welche Art von Veröffentlichung es sich handelt, z.B. Dissertation, Habilitation etc. |
| 3. | Inhaltlicher Bericht | Fassen Sie nun den Inhalt des Buches prägnant zusammen. Beginnen Sie mit einer Vorstellung der Thesen und Fragestellungen. Stellen Sie anschließend die Gliederung oder Kapitelstruktur des Textes vor und gehen dann dazu über, die Inhalte der einzelnen Abschnitte zu erläutern. Gewichten Sie dabei äquivalent zum Autor/zur Autorin oder setzen Sie bei Bedarf eigene Schwerpunkte. Schließen Sie mit einer Zusammenfassung der Ergebnisse. |
| 4. | Reflexion der Methode, Theorie und Quellen | Gehen Sie vom inhaltlichen Bericht direkt in eine Auseinandersetzung mit der in der Arbeit verwandten Methodik, Theorie und den untersuchten Quellen über. Rückbeziehen Sie sich dabei vor allem auf die Thesen, Fragestellungen und Ergebnisse der Studie und beurteilen Sie so die Umsetzung der gewählten Methode. |

| Schritt | Gegenstand | Umsetzung |
|---|---|---|
| 5. | Einordnung in fachliche Kontexte | Verorten Sie das Buch nun im Kontext aktueller und vergangener Forschung. Erläutern Sie dazu beispielsweise, inwieweit das Werk neue Erkenntnisse bringt, andere Ergebnisse revidiert oder ergänzt. Beurteilen Sie auch seinen Stellenwert in der Forschungslandschaft, indem Sie auf mögliche weiterführende Themen oder Arbeiten hinweisen. Zeigen Sie z.B. Entwicklungsmöglichkeiten oder Schwierigkeiten des Forschungsfeldes auf oder mahnen Sie sie kritisch an. |
| 6. | Wertung | Schließen Sie Ihre Rezension mit einer zusammenfassenden Würdigung. Beginnen Sie damit, indem Sie das Werk an seinen eigenen Vorgaben messen. Wenn Sie in der Vorstellung des Autors/der Autorin zu Beginn Ihrer Rezension noch nicht das anvisierte Publikum der Veröffentlichung beschrieben haben, so können Sie nun hier die angesprochenen Leserkreise benennen. Gehen Sie dann zu einer allgemeineren Einschätzung des Buches über und beurteilen Sie seine Umsetzung, Verständlichkeit und Anschlussfähigkeit. |

## Stilfragen: berichten und werten

Stilfragen des Rezensierens fristen ein ähnliches Dasein wie die Auseinandersetzung mit Form und Aufbau einer Buchbesprechung. Verbindliche Regeln oder Programme existieren praktisch bis auf einige wenige verstreute Hinweise nicht. Wollen wir aber dennoch einige Verbindlichkeiten herausstellen, so müssen wir nach Gepflogenheiten Ausschau halten, nach Grundsätzen und Gebräuchlichkeiten, die sich über längere Zeiträume kollektiv abgestimmt haben. Daher wollen wir Ihnen in diesem letzten Kapitel einige der wichtigsten stilistischen Prinzipien vorstellen und darüber hinaus einige Empfehlungen formulieren, wie Sie in Ihrer Rezension stilistisch sauber berichten und werten können. Insgesamt soll es aber nicht um die Stilistik des wissenschaftlichen

*Form und Aufbau*

Schreibens im Allgemeinen gehen, dafür seien Ihnen spezielle Handbücher ans Herz gelegt (Kornmeier 2011; Esselborn-Krumbiegel 2008; Reiners 2007; Schneider 2001). Vielmehr ist es das Ziel, die oft recht eigensinnige spezifische Sprache des Rezensierens zu erläutern und Ihnen gewisse Charakteristika näherzubringen.

Das Verhältnis zwischen Rezensent/-in und Autor/-in erscheint auf den ersten Blick eher unausgeglichen: Der Rezensent wirkt begünstigt, hat er doch mit seiner nachträglichen Kritik das letzte Wort. Freilich begegnen uns immer wieder auch Repliken der Autoren, anderer Rezensenten oder auch Bezugnahmen auf einzelne Rezensionen in anderen Besprechungen. Doch haben wir es hier eher mit Einzelfällen zu tun. Die gesamte Debatte um dieses ambivalente Verhältnis zwischen Rezensent/-in und Autor/-in, so wichtig sie auch sein mag, verengt jedoch das Rezensionswesen auf den – freilich wichtigen – Bewertungsaspekt und überblendet andere nicht weniger bedeutsame Obliegenheiten: z.B. die *Berichtsfunktion*. Leserinnen und Leser einer Rezension sind mindestens genauso interessiert an nüchtern-objektiven Inhaltsdarstellungen zu Themen und Zielsetzungen der vorzustellenden Arbeit wie an einem kritischen Urteil. Daher versuchen viele Rezensenten auch, in ihrem Text durchweg zwischen inhaltlichem Bericht und kritischer Würdigung zu trennen. Stilistisch entscheidend ist dabei die Verwendung bestimmter Verben oder Phrasen in der dritten Person. Formulieren Sie also „der Autor stellt fest, dass …", so ist sogleich deutlich, dass es sich hier um Ihre neutrale Wiedergabe handelt. Das Repertoire an Verben und Phrasen, mit denen Sie den Inhaltsbericht in Ihrer Rezension bestreiten können, ist breit. Folgende Aufstellung soll Ihnen die wichtigsten Wendungen vorstellen (s. nachfolgende Tabelle).

Andere Rezensenten und Rezensentinnen wiederum verknüpfen den Bericht gleich mit der Bewertung, indem sie ihren Text immer wieder mit wertenden Signalwörtern versehen. Dies macht es dem Leser oft nicht ganz leicht, die Inhalte und Vorgehensweisen des besprochenen Buches nachzuvollziehen. Gerade bei kürzeren Rezensionen lässt es sich aber kaum vermeiden, beide

| Subjekt | Verb/Phrase |
|---|---|
| Die Autorin ... | ... stellt fest |
| Der Autor ... | ... erklärt |
| (Der) Verfasser ... | ... erläutert |
| (Die) Verfasserin ... | ... kommt zu dem Schluss |
| Die Kölner Soziologin XY ... | ... erörtert |
| Der Dresdner Romanist XY... | ... definiert |
| usw. | ... führt aus |
| | ... beschreibt |
| | ... geht davon aus |
| | ... geht darauf ein |
| | ... charakterisiert |
| | ... benennt |
| | ... gibt an |
| | ... verdeutlicht |
| | ... bestimmt |
| | ... deutet |
| | ... diskutiert |
| | ... demonstriert |
| | ... berichtet |
| | ... stellt dar |
| | ... bezeichnet |
| | ... grenzt ein |
| | ... klärt |
| | ... widmet sich |
| | ... beschäftigt sich |
| | ... wendet sich zu |
| | ... beschäftigt sich mit |
| | ... klammert aus |
| | ... legt den Schwerpunkt auf |
| | ... begreift |
| | ... leitet ab |

## Form und Aufbau

Bereiche miteinander zu verbinden. Stilistisch stehen dazu mehrere Möglichkeiten zur Verfügung. Eine unter Rezensenten sehr beliebte Variante ist die *Inversion*, die gleichzeitig als rhetorische Figur eingesetzt wird. Bei einer Inversion wird der übliche Satzbau umgestellt und z.B. das Wort, das besonders betont werden soll, an den Anfang gestellt. Greifen wir dazu noch einmal unser Beispiel zum inhaltlichen Bericht auf: Aus „der Autor stellt fest, dass …" würde dann „Zu Recht stellt der Autor fest, dass …". Das Einbringen des Begriffes „zu Recht" erfüllt dabei gleich zwei Funktionen. Zum einen signalisieren Sie Ihren Lesern, dass Sie der Feststellung des Autors zustimmen, sie für richtig halten. Damit formulieren Sie also eine erste zaghafte Wertung. Zum anderen heben Sie die Richtigkeit seiner Feststellung noch hervor, da Sie „zu Recht" an den Anfang stellen. Freilich können Sie aber auch ohne die zusätzliche Hervorhebung arbeiten, indem Sie schlicht formulieren: „Der Autor stellt zu Recht fest, dass …"

Um Ihnen einen ersten Überblick zu verschaffen, möchten wir mit der folgenden Tabelle (S. 118) einen kurzen Einblick in das wertende Wortspektrum geben, dessen sich die meisten Rezensenten bedienen. Aufgelistet werden hier sowohl zustimmende als auch kritische Wendungen.

Neben diesen Ausdrücken, die vornehmlich bei der Verbindung von inhaltlichem Bericht und Wertung zum Einsatz kommen, existieren aber sicherlich noch zahlreiche andere Möglichkeiten, positive oder negative Kritik zu üben. Ein wichtiger Aspekt ist dabei die genauere Spezifizierung der jeweiligen Bewertung. Allzu pauschale Urteile, sei es in Form von vernichtender Kritik oder sei es in Gestalt allzu pathetischer Begeisterung, können schnell das ohnehin schon schwierige Verhältnis zwischen Rezensent/-in und Verfasser/-in unnötig belasten. Häufig versuchen Rezensenten und Rezensentinnen daher, ihre Wertungen, speziell ihre Kritik, abzuschwächen, etwa um ihren Lesern so anzeigen zu können, dass der rezensierte Text zwar einige Schwächen enthält, diese aber den positiven Gesamteindruck nicht zu schmälern vermögen (Nagy 2009). In der Regel erledigen sie dies über

| Wertung (zustimmend) | Wertung (kritisch) | Weiterführende Beschreibung |
|---|---|---|
| zu Recht | zu Unrecht | stellt der Autor fest |
| überzeugend | wenig überzeugend | interpretiert die Autorin |
| anschaulich | missverständlich | zeichnet der Autor nach |
| verständlich | undifferenziert | diskutiert die Autorin |
| eloquent | holprig | beschreibt der Autor |
| aufschlussreich | oberflächlich | charakterisiert die Autorin |
| kurzweilig | langatmig | erörtert der Autor |
| anregend | flüchtig | interpretiert die Autorin |
| plausibel | nachlässig | demonstriert der Autor |
| klar | ungenau | definiert die Autorin |
| differenziert | unpräzise | erklärt der Autor |
| eindrucksvoll | vage | führt die Autorin aus |
| flüssig | eigensinnig | bestimmt der Autor |
| einleuchtend | schwer nachvollziehbar | analysiert die Autorin |
| gerechtfertigt | ungerechtfertigt | erscheinen die Schlussfolgerungen des Autors |

sogenannte *Heckenausdrücke*, mit denen man die Zugehörigkeit zu einer bestimmten Kategorie näher kennzeichnet. In unserem Fall meint dies vor allem eine *Relativierung von Kritik*, etwa durch Häufigkeitsadverbien wie „gelegentlich", „mitunter", „vereinzelt", durch Abtönungspartikel wie „ziemlich", „möglicherweise", „wohl" oder durch Begriffe, die dabei helfen, präzise Angaben zu vermeiden, wie etwa „ungefähr", „einige", „wenige".

Gleichwohl begegnen im Rezensionswesen auch zahlreiche Beispiele zur *Verstärkung von Kritik*. Zu den geläufigsten Begriffen, die kritikintensivierend wirken, zählen „außerordentlich",

# Form und Aufbau

„wahrlich", „höchst", „sehr", „besonders", „ganz", „völlig" oder „ausnehmend". Beide Varianten der Abschwächung und Verstärkung sind auch auf anerkennende und lobende Kritik anwendbar. Ihre Rezension wirkt damit ausgewogener, Ihre Kritik abwägender und differenzierter. Bei allzu häufigem Gebrauch wird Ihr Text jedoch schnell unbestimmt und unpräzise, wodurch beim Leser der Eindruck entstehen kann, Sie scheuten eine klare Stellungnahme und vermieden es, sich festzulegen. Genau diese klare Stellungnahme gehört jedoch fest zu den Anforderungen einer jeden Besprechung.

Der klassische Ort, an dem dies geschieht, ist der *Schluss einer Rezension*. Hier wird in aller Regel eine Art Resümee formuliert, das nochmals alle gelungenen und weniger gelungenen Punkte der besprochenen Arbeit aufführt und darauf aufbauend ein abschließendes Urteil formuliert. Dieser finalen Würdigung kommt eine verhältnismäßig hohe Bedeutung zu, denn meist bleibt dem Leser genau diese Textstelle im Gedächtnis, scheint es doch, als ob genau hier noch einmal die gesamte Rezension pointiert auf den Punkt gebracht wird. Ein solcher Eindruck ist gewiss trügerisch. Dennoch dürfte er zu den einprägsamsten Elementen einer jeden Rezension zählen. Zudem wandert das abschließende Urteil, vorausgesetzt es ist positiv, nicht selten auf Buchrücken, Prospekte oder Verlagsseiten.

Wenn Sie nun den Schluss Ihrer Rezension formulieren, sollten Sie folgende Maßgaben im Blick behalten:
– Formulieren Sie mit Bedacht
– Formulieren Sie pointiert
– Verzichten Sie auf Spott, Polemik und boshafte Kommentare
– Wägen Sie positive und negative Eindrücke miteinander ab
– Vermeiden Sie überraschende Wendungen
– Orientieren Sie Ihr Urteil am Tenor der gesamten Rezension

Im Folgenden führen wir noch einmal drei verschiedene Beispiel-Resümees auf, jeweils mit einem anerkennenden, einem gemischten und einem kritischen Urteil.

> **Beispiel 1:** Peter Hoeres: Rezension von Sieg, Ulrich: Deutschlands Prophet. Paul de Lagarde und die Ursprünge des modernen Antisemitismus, in: Archiv für Sozialgeschichte 47 (2007), http://library.fes.de/fulltext/afs/htmrez/80844.htm.
>
> Sieg bietet über Lagardes Biografie hinaus einen spannend zu lesenden Einblick in die Wissenschaftswelt des 19. Jahrhunderts. Gerade im hier fassbar werdenden enormen symbolischen Kapital, über das Ordinarien im Kaiserreich verfügten, scheint ein Schlüssel der politischen Wirksamkeit Lagardes zu liegen. Leider wird Siegs umfangreiche archivalische Forschung durch das Fehlen eines Quellen- und Literaturverzeichnisses erst auf den zweiten oder dritten Blick bei der genauen Musterung des Anmerkungsteils deutlich. Das soll das Lob für eine nicht nur aufschlussreiche, sondern auch äußerst kurzweilig zu lesende Biografie aber nicht schmälern.

Dieser Schlussteil formuliert ein positives Urteil. Der Rezensent Peter Hoeres nutzt sein Resümee zum einen, um nochmals kurz auf das Themenfeld des besprochenen Werkes einzugehen und dabei dessen Zielsetzung anerkennend hervorzuheben. Teil dieser Zusammenfassung ist eine Kritik an der Ausstattung des Buches, die Hoeres mit dem Adverb „leider" einleitet, aber sogleich wieder abmildert. Dies ist eine typische rhetorische Figur, die häufig eingesetzt wird, wenn man dem Leser einen bestimmten kritischen Punkt nicht verschweigen, die Kritik aber auch nicht zu stark betonen möchte. Zum anderen wertet Hoeres mithilfe einiger Signalwörter wie „spannend", „aufschlussreich" oder „kurzweilig". Gerade diese Adjektive vermitteln schließlich seinen positiven Gesamteindruck.

> **Beispiel 2:** Benjamin Städter: Rezension von Bohrmann, Thomas/Veith, Werner und Zöller, Stephan (Hrsg.): Handbuch Theologie und Populärer Film, Band 1, Paderborn 2007, in: Communicatio Socialis 40 (2007), S. 424-426.
>
> So bleibt am Ende der Eindruck, dass der vorliegende Band einige

*Form und Aufbau*

> Möglichkeiten zu einer instruktiven Analyse des ambivalenten Verhältnisses von Theologie und Religion nicht nutzt. Nichtsdestotrotz kann er vor allem durch seine breite Quellenbasis beeindrucken; die Filmografie im Anhang umfasst 27 Seiten. Wer grundlegende Informationen zum thematischen Umgang mit Religion in bestimmten Filmen sucht, um anschließend eigene Studien vorzunehmen, dem wird das Handbuch sicher erste Auskünfte geben können.

Aus diesem Fazit geht ein eher gemischter Eindruck hervor. Der Rezensent Benjamin Städter hebt zunächst ein markantes Defizit des besprochenen Handbuchs hervor, indem er auf ungenutzte Möglichkeiten verweist. Im Anschluss betont er dann eine Stärke des Bandes, nämlich die breite empirische Basis sowie den ausgesprochen nützlichen Anhang. Der Schlusssatz verleiht diesem gemischten Eindruck dann noch einmal besonderen Ausdruck, vor allem durch seine implizierten Aussagen, die mithilfe der bereits weiter oben erläuterten Heckenausdrücke angedeutet werden. Es sind „grundlegende Informationen", die das Buch laut Städter bereithält, aber auch nicht mehr; und es sind „sicher erste Auskünfte", die man erhält, aber eben auch nur „erste" Auskünfte.

> **Beispiel 3:** Nicolai Hannig: Rezension von Weißenbach, Birgit: Kirche und Konzentrationslager. Katholische Aufklärungspublizistik in der Zeit von 1945 bis 1950, Frankfurt/M. 2005, in: Schweizerische Zeitschrift für Religions- und Kulturgeschichte 100 (2006), S. 491 f.
>
> Alles in allem vermögen die Ergebnisse der Studie somit kaum zu überzeugen. Eine Einbettung in die durchaus regen Diskussionen zum Umgang mit der nationalsozialistischen Vergangenheit in der Nachkriegszeit und der frühen Bundesrepublik findet nicht statt. Allzu oft wird der Leser mit langen Passagen aus Biografien und Zeitungen alleingelassen und viel zu selten werden die eingangs aufgeworfenen Fragen beantwortet. So mag es auch kaum verwundern, dass sich die abschließenden Bemerkungen

> im Schlusskapitel unter der Aussage subsumieren lassen, dass „auch die Kirche anhand des katholischen Schrifttums unmittelbar nach 1945 eine intensive Aufklärungsarbeit über die Verbrechen und Gräueltaten in den nationalsozialistischen Konzentrationslagern leistete" (S. 188). Daher reicht Weißenbachs Studie auch nur äußerst selten über den Stellenwert einer – sicherlich verdienstvollen – Quellensammlung hinaus.

Dieser dritte Textauszug schließlich demonstriert ein kritisches Resümee. Gleich im ersten Satz wird das Hauptdefizit klar formuliert. Es sind die Ergebnisse der Studie, die den Rezensenten nicht zu überzeugen vermögen. In der Folge werden dann diese Defizite genauer spezifiziert: zum einen weist der Rezensent auf die fehlende Einbettung in Forschungskontexte hin, zum anderen bemängelt er, dass die Autorin nur selten ihre langen Quellenauszüge erläutert. Um die abschließende Kritik nochmals zu veranschaulichen und auf eine Art empirische Basis zu stellen, wird zudem ein Textzitat gebracht, das die Einschätzung des Rezensenten belegen soll. Im Schlusssatz dann finden wir ein Fazit, das die Beanstandungen etwas kaschiert – erneut mithilfe einiger Heckenausdrücke –, die Mängel der Arbeit jedoch deutlich herausstellt: Das Buch werde, so der Rezensent, seinen eigenen Ansprüchen nicht gerecht und nehme demnach lediglich den Stellenwert einer Quellensammlung ein.

Die _Darstellungsperspektive_, aus der die Schlussbewertung, aber auch alle anderen Teile einer Rezension formuliert werden, ist im deutschen Sprachraum zumeist die 3. Person Singular, bei mehreren Verfassern 3. Person Plural. Artikuliert man also seine persönliche Einschätzung, so erfolgt dies meist mit Wendungen wie: „Aus Sicht des Rezensenten ..." oder „Die Rezensentin hat Schwierigkeiten, der Auffassung des Autors zu folgen ...". Dies ist freilich keine Regel oder Maßgabe, sondern vielmehr eine Gewohnheit, die sich über einen langen Zeitraum herausgebildet hat. Im Englischen beispielsweise begegnen uns Selbstnennungen der Rezensenten mehr als doppelt so häufig. Untersuchungen zur Kulturspezifik wissenschaftlicher Rezensionen im Deutschen und Englischen haben ergeben, dass nur rund zehn von dreißig deutschen Autoren, das „Ich", also die 1. Person Singular zur Kennzeichnung subjektiver Kritik verwenden (Hutz 2001). Viel häufiger finden wir daher Passiv-Konstruktionen sowie unpersönliche Wendungen, in denen Rezensenten und Rezensentinnen auf Formulierungen mit „es" oder „man" zurückgreifen. Häufig lesen wir dann: „Man weiß die Ergebnisse der Studie nur recht vage einzuordnen" oder „Es ist kaum nachzuvollziehen, dass …". Nicht selten ziehen sich Rezensenten bzw. Rezensentinnen auch hinter einen hypothetischen Leser zurück und formulieren, „Der Leser mag sich an dieser Stelle fragen, ob …". Ziel dieser manchmal etwas umständlich wirkenden Formulierungen ist es meist, die geübte Kritik möglichst objektiv wirken zu lassen. Da aber gerade die Rezension eine Textsorte darstellt, die im Vergleich zu anderen wissenschaftlichen Texten sehr persönlich ist und ein hohes Maß an Subjektivität verlangt, sollte die Selbstnennung nicht gänzlich tabuisiert werden.

Das *Tempus* einer Rezension ist in der Regel das Präsens. Während des inhaltlichen Berichts, insbesondere wenn Sie hier von der indirekten Rede in eine eigenständige Narration wechseln (beschrieben auf S. 101-104), sollten Sie aber auch auf das Präteritum, Perfekt oder Plusquamperfekt zurückgreifen, um Ihren Bericht so differenzierter und ansprechender gestalten zu können. Im Schlussteil empfiehlt es sich zudem, gelegentlich auch in das Futur I oder II zu wechseln, gerade wenn Sie auf noch ausstehende Forschungen, angeregte Diskussionen oder den zukünftigen Nutzen der besprochenen Arbeit hinweisen wollen. Übliche Formulierungen lauten hier: „In diesem neuen Forschungsfeld wird noch einiges zu untersuchen sein", „Die Diskussionen um dieses Buch werden weiter anhalten" oder „Schon in einem Jahr wird dieses Werk zum Standardwerk der liberalen Theologie zu zählen sein".

Der dominierende *Modus* in Rezensionen ist der Indikativ.

Informationen zum Autor oder zum Aufbau der Arbeit werden generell im Indikativ verfasst, bisweilen auch der Inhaltsbericht. Häufig wechseln Rezensenten aber gerade in den referierenden Teilen in den Konjunktiv I. Diese Erzählform bietet sich besonders dann an, wenn man den Inhaltsbericht mit der Wertung verknüpfen oder eine kritische Distanz zum Referierten einnehmen möchte. Aus „Die Konspiration um XY ist allerdings nur Teil einer noch viel umfassenderen Verschwörungstheorie ..." würde dann beispielsweise: „Die Konspiration um XY sei allerdings nur Teil einer noch viel umfassenderen Verschwörungstheorie, so die wenig stichhaltige Vermutung des Autors ..."

Das *Genus Verbi* hingegen ist kaum festgelegt. In Rezensionen begegnen uns sowohl aktive als auch passive Verbformen. Allerdings lassen zu viele passive Satzkonstruktionen durch ihre Komplexität einen Text sehr schnell umständlich erscheinen. Da die Kritik am Ende der Rezension, bedingt durch die Gewohnheit der unpersönlichen Darstellungsperspektiven, nun ohnehin schon oft von passiven Konstruktionen geprägt ist, sollten Sie sich in den übrigen Teilen eher um aktive Wendungen bemühen (Lenk 2000).

Letztlich ist die Syntax einer Rezension aber weitgehend offen. Regeln gibt es wenige, dafür aber einige Gepflogenheiten. Auf die wichtigsten haben wir Sie hier aufmerksam gemacht. Wenn Sie sich an diesen Gebräuchen orientieren, werden Sie als Autor sehr schnell Anschluss an das Rezensionswesen finden. Wenn Sie sich wohl dosiert und überlegt von Ihnen abgrenzen, werden Sie sicherlich auch Aufmerksamkeit erzielen.

**Literaturtipp:** Stilistik

Gruber, Helmut/Huemer, Birgit und Rheindorf, Markus: Wissenschaftliches Schreiben. Ein Praxisbuch für Studierende der Geistes- und Sozialwissenschaften, Wien u.a. 2009

Reiners, Ludwig: Stilfibel. Der sichere Weg zum guten Deutsch, München ³2001

# Das Wesentliche in Kürze: eine Zusammenfassung für den eiligen Leser

### Wozu sind Rezensionen gut?

Rezensionen wissenschaftlicher Literatur verfolgen in der Regel vor allem zwei Ziele: zum einen eine rasche *Orientierung* auf dem jeweiligen Sektor des Buchmarkts durch präzise Angaben zu Inhalten und Vorgehensweisen; zum anderen *Qualitätssicherung* durch Hinweis auf konträre Positionen, diskutable Ansätze oder schlicht Fehler und Irrtümer, ebenso wie die Würdigung besonders innovativer Gedanken oder besonders gelungener Werke. Beides greift ineinander. Über besonderen Erkenntnisfortschritt, neue Ideen oder Ansätze informiert zu werden, ist ebenso wichtig wie der Hinweis auf irrige Darstellungen, die sich in eine Arbeit eingeschlichen haben. Aus beiden Punkten ergibt sich eine zentrale praktische Anforderung an das Schreiben von Rezensionen. Sie sollten *aktuell* sein. Deshalb sind auch Internetportale und -journale als Rezensionsorgane so beliebt unter Lesern.

Das gilt in geringerem Maße für ein drittes Feld, auf dem Rezensionen hilfreich sein können, nämlich der inhaltlichen und bibliografischen Orientierung über ein bestimmtes *Themenfeld*. Neben Handbüchern, die in der Regel ja ebenfalls eine mehr oder minder breite Literaturschau betreiben, werden hier *Literaturberichte*, die oft auch in Aufsatzform vorgelegt werden, und *Sammelrezensionen* wichtig. Schließlich haben auch Themenhefte von Zeitschriften gelegentlich einen besonderen Rezensionsteil, bei dem Aktualität hinter *Einschlägigkeit als Kriterium* zurücktritt, also auch ältere Arbeiten noch einmal besprochen werden, um einen möglichst umfassenden Einblick in die Forschung zum jeweiligen Schwerpunktthema zu gewährleisten. In den Anwendungsbereich der raschen Orientierung fallen schließlich auch die reinen *Buchankündigungen* (Annotationen), die neben den bibliografischen Angaben nur das Thema oder den Inhalt in ein bis zwei Sätzen angeben und sich in der Regel jeglicher Bewertung enthalten. Solche Annotationen finden sich beispielsweise in Bibliothekszeitschriften wie den *Reference & Research Book News*.

## Mit Rezensionen arbeiten

Rezensionen stellen immer die *subjektive Auffassung des Rezensenten* dar; sie müssen sich an Richtungs- und Triftigkeitsgesichtspunkten messen lassen, sind nicht auratisch und *dürfen selbstverständlich angezweifelt werden*. Nicht zuletzt deshalb erscheinen auch immer wieder ganz konträre Besprechungen ein und desselben Werkes an unterschiedlicher Stelle. Daraus folgt: Bei der Arbeit mit Rezensionen sollte immer beachtet werden, *von wem* und *wo* besprochen wird.

Die erste Frage lässt sich in der Regel einfacher beantworten als die zweite. Wenn es sich bei Rezensentinnen/Rezensenten um universitär angebundene Wissenschaftlerinnen/Wissenschaftler handelt, findet sich in der Regel leicht eine Internetseite, häufig auch mit Publikationsliste. Sollte das nicht der Fall sein, kann eine Literaturdatenbank bemüht werden. So kann – häufig, nicht immer – mit vergleichsweise geringem Aufwand festgestellt werden, ob Rezensentinnen und Rezensenten sich hier auf gut bekanntem Terrain bewegen, sich also die besprochene Arbeit überhaupt in seinem engeren Forschungsfeld befindet. Das ist oft, aber durchaus nicht immer der Fall und sollte nicht von vornherein vorausgesetzt werden. Was lässt sich daraus schließen? Man wird einem einschlägig ausgewiesenen Experten auf einem Forschungsgebiet sicherlich eine hohe Expertise zur Beurteilung anderer Studien auf diesem Gebiet unterstellen dürfen. Andererseits gilt es zu beachten: Wer bereits auf einem Forschungsgebiet etabliert ist, bewegt sich häufig innerhalb gewisser Schulen oder

Denkrichtungen, manchmal kann sogar „Reviergehabe" eine Rolle spielen. *Kritische Distanz* bleibt also auch hier oberstes Gebot.

Die zweite Frage – wo besprochen wird – ist nur auf der Oberfläche der bibliografischen Angabe rasch beantwortet. Aber sie zielt ja tiefer, nämlich auf die Frage nach generellen Eigenschaften des Rezensionsorgans. Handelt es sich beispielsweise um eine Spezialzeitschrift einer Subdisziplin oder um ein Periodikum zur allgemeinen Geschichtswissenschaft, Germanistik oder Philosophie? Oder handelt es sich etwa um ein Magazin, eine Tages- oder Wochenzeitung? Man kann sogar noch tiefer gehen und fragen: Wie sehen Rezensionen in dieser Zeitschrift oder diesem Publikationsorgan regelmäßig aus? Sind es eher Kurz- oder Langrezensionen, herrscht grundsätzlich ein eher kritischer Stil? Gerade das sind Fragen, die man nicht einfach so, sondern nur aus längerer Erfahrung mit einer Zeitschrift beantworten kann.

## Wie finde ich Rezensionen?

Die meisten wissenschaftlichen Zeitschriften und überregionalen Zeitungen betreuen einen eigenen Rezensionsteil – insofern ist die Frage, wo sich Rezensionen für einschlägige Arbeiten finden, in weiten Teilen mit der Frage deckungsgleich, welche Zeitschrift eigentlich das Thema bzw. die Disziplin behandelt und sich für eine Besprechung dieses Buches interessieren könnte. An Zeitungen ist diese Frage freilich kaum zu stellen, weil sich die Profilbildung hier eher an massenmedialen Aufmerksamkeitskriterien orientiert. Entsprechend ist auch das Recherchieren von Rezensionen in Zeitungen in der Praxis oft um ein Vielfaches schwieriger, als es für wissenschaftliche Zeitschriften der Fall ist.

Mit der oben formulierten Frage ist eine Banalität angesprochen, die aber noch einmal ausdrücklich erwähnt werden sollte. *Besprochen werden in aller Regel Bücher,* d.h. Monografien, Sammelbände, Editionen etc., seltener auch Zeitschriftenbände und praktisch nie einzelne Aufsätze. Eine Ausnahme machen hier wiederum überregionale Zeitungen (z.B. die *Süddeutsche Zeitung* oder die *Frankfurter Rundschau*), die regelmäßig *auch Aufsätze* oder sogar noch *ungedruckte Tagungsbeiträge* besprechen.

Neben wissenschaftlichen Zeitschriften und überregionalen Zeitungen existieren auch *reine Rezensionsorgane*. Immer mehr davon publizieren ganz oder teilweise im Internet, um die Aktualität zu erhöhen oder Zwängen des Umfangs zu entgehen. Zu den bekanntesten im Bereich der deutschsprachigen Geschichtswissenschaften gehören beispielsweise *H-Soz-u-Kult* (http://hsozkult.geschichte.hu-berlin.de) und *Sehepunkte* (http://www.sehepunkte.de), in der Germanistik die Online-Ausgabe des *Internationalen Archivs für die Sozialgeschichte der deutschen Literatur* (http://iasl.uni-muenchen.de), in den Gender Studies etwa die früher gedruckten und nun online publizierten *Querelles* (http://www.querelles-net.de). Etablierte gedruckte Rezensionsorgane wären beispielsweise *Das Historisch-politische Buch*, die *Psychologische Revue* oder der *Philosophische Literaturanzeiger*. Eine ausführliche, nach Fächern sortierte Liste findet sich im Serviceteil.

Der Weg über Rezensionsteile oder -organe dient vor allem der Orientierung über Neuerscheinungen auf einem spezifischen Themenfeld oder in einer spezifischen Disziplin. Wer sich nicht schlicht auf dem Laufenden halten, sondern gezielt zu einem Werk informieren will, wird direktere Wege wählen als das Jagen und Sammeln in solchen Zeitschriften. Das wichtigste Hilfsmittel dafür ist – neben der einfachen, aber unsystematischen Internetsuche – die *Internationale Bibliographie der Rezensionen* (IBR), die als gedrucktes Hilfsmittel in praktisch jeder Universitätsbibliothek und für die Jahrgänge ab 1985 auch digital auf CD-ROM zur Verfügung steht. Darüber hinaus verzeichnen auch einzelne *bibliografische Projekte* Rezensionen, so beispielsweise die an das Fachportal Pädagogik angeschlossene Literaturdatenbank *FIS Bildung* (http://www.fachportal-paedagogik.de). Oft werden bei solchen Arbeiten aber Rezensionen nicht systematisch erfasst.

## Wie schreibe ich selbst eine Rezension?

Jedes zu besprechende Format verlangt im Grunde eine spezifische Herangehensweise, die auf S. 97-124 ausführlich erläutert werden. Im Großen und Ganzen ist die Gattung Rezension selbst sehr flexibel, im Mittelpunkt stehen aber eindeutig die Leser und ihr Informationsbedürfnis als funktionaler Bezugspunkt. Deshalb kann man wohl guten Gewissens folgende Mindestanforderungen an die Form einer Rezension formulieren:

Am Anfang steht selbstverständlich immer die *bibliografische Titelaufnahme*, die sich an den Gepflogenheiten des jeweiligen Organs orientieren sollte, für das besprochen wird.

In den ersten Sätzen positioniert die Rezensentin bzw. der Rezensent die besprochene Arbeit in der Regel in einem *allgemeinen Forschungsfeld*. Es wird also sozusagen ein Rahmen aufgespannt, in den dann die besprochene Arbeit eingesetzt wird.

Das passiert durch Skizze von *Fragestellung* und *Zielsetzung* der Arbeit. Diese müssen klar und präzise formuliert werden, ggf. kann ein wörtliches Zitat eingesetzt werden, wenn beispielsweise die Formulierung des Verfassers so prägnant ist, dass sie kaum eine eigene Paraphrase benötigt oder aber so absurd, dass Sie den Eindruck vermeiden wollen, durch Paraphrase diese Aussage dem Verfasser erst untergeschoben zu haben. Dieser Teil jedenfalls ist absolut entscheidend, denn es muss deutlich werden, warum es diese Arbeit nun eigentlich gibt – oder (im schlimmsten Fall): warum sie bei Licht betrachtet eigentlich überflüssig ist.

Darauf folgt die Darlegung, wie der Verfasser mit der selbst gestellten Zielsetzung umgeht, also die eigentliche *Durchführung* der Arbeit. Hier sollte etwas zur Methodik bzw. zur Herangehensweise gesagt werden, üblicherweise wird auch die Grobgliederung umrissen, um die Systematik der Arbeit besser zu verstehen. Üblicherweise ist dies der Teil einer Buchbesprechung, in der der Rezensent am ehesten Kritik übt – denn es ist ja eher selten, dass die Notwendigkeit einer Fragestellung grundsätzlich abgelehnt wird, durchaus häufig aber der Fall, dass man sich über die dafür notwendigen Schritte einer Beantwortung der Fragestellung uneins ist. Achten Sie darauf, ob der Gang der Argumentation für Sie nachvollziehbar ist und ob sie das Material und seine Bearbeitung als angemessen empfinden.

Am Schluss steht in der Regel eine *allgemeine Würdigung* des besprochenen Werkes. Das kann noch einmal eine fundamentale Kritik, aber auch die Relativierung zusammengetragener Einzelkritikpunkte durch die Betonung des generellen Wertes der Arbeit („Trotz der oben angeführten Kritik im Einzelnen …") sein. An dieser Stelle bauen viele Rezensenten auch die Kritik an oder Würdigung von nichtinhaltlichen Punkten ein, also bspw. an der Sprache (zugänglich, stark jargonbeladen etc.), Kritik an Häufungen von Tippfehlern oder miserable Abbildungsqualität, aber auch die Würdigung besonders sorgfältig bearbeiteter Register.

Beschlossen wird eine Rezension – auch das ist auf den ersten Blick banal – in der Regel mit dem vollen Namen der Rezensentin oder des Rezensenten und einem Hinweis auf ihre oder seine Anbindung. *Anonyme Buchbesprechungen* sind (vor allem im deutschen Sprachraum) im wissenschaftlichen Bereich absolut unüblich. Bei einigen Zeitungen und online sieht das manchmal anders aus.

Beim Schreiben einer *Sammelrezension* sollte man zudem beachten, dass nicht nur einzelne Punkte vergleichend abgehandelt werden, sondern auch die besprochenen Werke jeweils einzeln und als eigenständige Arbeit zu ihrem Recht kommen. In der Regel läuft das darauf hinaus, dass einleitend das gemeinsame Thema kurz umrissen und in die allgemeine Forschungslandschaft eingebettet wird, dann die einzelnen ausgewählten Arbeiten vorgestellt werden und schließlich ein Quervergleich unternommen wird, der die verschiedenen Arbeiten gegeneinander gewichtet.

# Weiterführende Tipps und Links

## Bücher und Zeitschriften

### Über die Textsorte ‚Rezension' und das Rezensionswesen

Huber, Martin; Strohschneider, Peter; Vögel, Herfried: Rezension und Rezensionswesen. Am Beispiel der Germanistik, in: Peter J. Brenner (Hrsg.): Geist, Geld und Wissenschaft. Arbeits- und Darstellungsformen von Literaturwissenschaft, Frankfurt/M. 1993, S. 271-295.

Hutz, Matthias: „Insgesamt muss ich leider zu einem ungünstigen Urteil kommen." Zur Kulturspezifik wissenschaftlicher Rezensionen im Deutschen und Englischen, in: Ulla Fix, Stephan Habscheid, Josef Klein (Hrsg.): Zur Kulturspezifik von Textsorten, Tübingen 2001, S. 109-130.

Lenk, Hartmut E. H.: Die Rezension, in: ders. (Hrsg.): Praktische Textsortenlehre. Ein Lehr- und Übungsbuch der professionellen Textgestaltung, Helsinki ³2000, S. 290-301.

Mey, Günter: Editorial Note: Wozu Rezensionen? oder: Warum Rezensionen eigenständige Beiträge sein sollten, in: Forum Qualitative Sozialforschung, 1(3), 2000, Art. 40, http://www.qualitative-research.net/index.php/fqs/article/viewArticle/1057/2289 (letzter Abruf am 12.4.2011).

Nagy, Nikolett: Die wissenschaftliche Rezension. Ein interkultureller und sprachkontrastiver Textsortenvergleich, in: Beiträge zur Fremdsprachenvermittlung 48 (2009), S. 71-88.

Riley, Lawrence E./Spreitzer, Elmer A.: Book Reviewing in the Social Sciences, in: The American Sociologist 5 (1970), S. 358-363.

Spinner, Helmut: Zur Soziologie des Rezensionswesens. Thesen über die Stellung von Rezensionen, Rezensenten und Rezensionszeitschriften im wissenschaftlichen Publikationsbetrieb sowie Kritik des Versuchs, durch Änderung der Geschäftsbedingungen Sekundärpublikationen den Primärpublikationen anzugleichen, in: Soziologie 1 (1984), S. 49-78.

Stegert, Gernot: Die Rezension. Zur Beschreibung einer komplexen Textsorte, in: Beiträge zur Fremdsprachenvermittlung 31 (1997), S. 89-110.

Stegert, Gernot: Kommunikative Funktion der Zeitungsrezensionen, in: Joachim-Felix Leonhard, Hans-Werner Ludwig, Dietrich Schwarze, Erich Straßner (Hrsg.): Medienwissenschaft. Ein Handbuch zur Entwicklung der Medien und Kommunikationsformen, Berlin u.a. 2001, S. 1725-1729.

## Arbeitsbücher und Hilfsmittel zum wissenschaftlichen Lesen und Schreiben

Esselborn-Krumbiegel, Helga: Von der Idee zum Text. Eine Anleitung zum wissenschaftlichen Schreiben, Paderborn u.a. ³2008.

Gruber, Helmut; Huemer, Birgit; Rheindorf, Markus: Wissenschaftliches Schreiben. Ein Praxisbuch für Studierende der Geistes- und Sozialwissenschaften, Wien u.a. 2009.

Kolmer, Lothar; Rob-Santer, Carmen: Geschichte SCHREIBEN. Von der Seminar- zur Doktorarbeit, Paderborn u.a. 2006.

Kornmeier, Martin: Wissenschaftlich schreiben leicht gemacht: für Bachelor, Master und Dissertation, Bern u.a. ⁴2011.

Reiners, Ludwig: Stilfibel. Der sichere Weg zum Deutsch, München 2007.

Robinson, Francis P.: Effective Study, New York 1946.

Rost, Friedrich: Lern- und Arbeitstechniken für das Studium, Wiesbaden ⁶2010.

Schmitz, Wolfgang: Schneller lesen – besser verstehen, Hamburg 2008.

Schneider, Wolf: Deutsch für Profis. Wege zu gutem Stil, München 2001.

Stary, Joachim: Wissenschaftliche Literatur lesen und verstehen, in: ders., Norbert Franck (Hrsg.): Die Technik des wissenschaftlichen Arbeitens. Eine praktische Anleitung, Paderborn u.a. ¹⁴2008, S. 71-96.

Thomas, Ellen Lamar; Robinson, H. Allen: Improving Reading in Every Class: A Sourcebook for Teachers, Boston 1972.

Werder, Lutz von: Wissenschaftliche Texte kreativ lesen, Berlin 1994.

## Zum Schreiben von Rezensionen

Albrecht, Wolfgang: Literaturkritik, Stuttgart 2001.

Hage, Volker: Kritik für Leser. Vom Schreiben über Literatur, Frankfurt/M. 2009.

Hauthal, Janine: Die Rezension als Einstieg ins wissenschaftliche Schreiben und Publizieren, in: Ansgar Nünning, Roy Sommer (Hrsg.): Handbuch Promotion. Forschung – Förderung – Finanzierung, Stuttgart u.a. 2007, S. 205-210.

Hierdeis, Irmgard: Wie schreibe ich eine Rezension?, in: Theo Hug (Hrsg.): Wie kommt Wissenschaft zu Wissen, Bd. 1, Baltmannsweiler 2001, S. 196-213. *(Schwerpunkt: Literaturkritik)*

Lüthe, Rudolf: Ein Einstieg in das wissenschaftliche Publizieren: Rezensionen, in: Kathrin Ruhl u.a. (Hrsg.): Publizieren während der Promotion, Wiesbaden 2010, S. 61-64.

Maurius, Richard: A Short Guide to Writing about History, Glenville u.a. 1989, S. 178-192. *(nicht nur für Historiker lesenswert)*

Neuhaus, Stefan: Literaturkritik. Eine Einführung, Göttingen 2004.

Pandel, Hans-Jürgen: Fachtexte, in: Christian Heuser, Christine Pflüger (Hrsg.): Geschichte und ihre Didaktik. Ein weites Feld … Unterricht, Wissenschaft, Alltagswelt. Gerhard Schneider zum 65. Geburtstag, Schwalbach/Ts. 2009, S. 57-71.

Porombka, Stephan: Kritiken schreiben. Ein Trainingsbuch, Konstanz 2006.

Sandig, Barbara: Formulierung und Textmuster am Beispiel von Wissenschaftstexten, in: Eva-Maria Jakobs, Dagmar Knorr (Hrsg.): Schreiben in den Wissenschaften, Frankfurt/M. u.a. 1997, S. 25-44.

Schalkowski, Edmund: Rezension und Kritik, Konstanz 2005.

Schöttler, Peter; Wildt, Michael (Hrsg.): Bücher ohne Verfallsdatum, Hamburg 1998. *(gutes Anschauungsmaterial für essayistischen Rezensionsstil)*

Schwens-Harrant, Brigitte: Literaturkritik. Eine Suche, Innsbruck u.a. 2008.

Stegert, Gernot: Filme rezensieren in Presse, Radio und Fernsehen, München 1993.

Thomas, Ursula: Wie schreibt man Rezensionen? 2000, online unter: http://www.uni-bielefeld.de/soz/organisationssoziologie/pdf/rezension.pdf (letzter Abruf am 28.12.2010)

## Entwicklung des Rezensionswesens in Geschichte und Gegenwart

Anz, Thomas: Literaturkritik als (Neben-)Beruf. Informationen und Anleitungen zur Praxis, in: Thomas Anz und Rainer Baasner (Hrsg.): Literaturkritik. Geschichte – Theorie – Praxis, München 2004.

Carlson, Anni: Die deutsche Buchkritik von der Reformation bis zur Gegenwart, Bern, München 1969.

„Der Fall zu Guttenberg", in: Forschung & Lehre 18, 4 (2011), S. 268-285.

Eckardt, Fritz: Das Besprechungswesen. Eine Einführung in die Praxis, Leipzig 1927.

Fischer-Lescano, Andreas: (Rez.) Karl-Theodor zu Guttenberg, Verfassung und Verfassungsvertrag. Konstitutionelle Entwicklungsstufen in den USA und der EU, Berlin 2009, in: Kritische Justiz 1/2011, S. 112-119.

Greiling, Johann Christoph: Einige vorläufige Gedanken zu einer Theorie der Recensionen, in: Philosophisches Journal einer Gesellschaft Teutscher Gelehrter 6 (1797), S. 121-149.

Große Kracht, Klaus: Kontroverse Zeitgeschichte. Historiker im öffentlichen Meinungsstreit, in: Sabine Horn, Michael Sauer (Hrsg.): Geschichte und Öffentlichkeit. Orte – Medien – Institutionen, Göttingen 2009, S. 15-23.

Habel, Thomas: Gelehrte Journale und Zeitungen der Aufklärung. Zur Entstehung, Entwicklung und Erschließung deutschsprachiger Rezensionszeitschriften des 18. Jahrhunderts, Bremen 2007.

Hofmann, Thomas K.: Die Anfänge der deutschen Buchkritik (1688-1720). Die Zeitschrift und ihre Rezension als aufklärerisches Element. Diss. McGill University, Montreal 1978 (masch.; Microfiche).

Jäger, Georg: Redaktionspolitik elektronischer Fachrezensionen am Beispiel von IASL online. Ein Werkstattbericht (2002), online unter http://www.iasl.uni-muenchen.de/discuss/lisforen/jaepolitik_ button.html (letzter Abruf am 28.12.2010).

Jenisch, Daniel: Der allezeit-fertige Schriftsteller. Oder kurze, doch gründliche Anweisung, wie man mit dem möglich kleinsten Aufwande von Genie und Wissenschaft ein großer und fruchtbarer Schriftsteller werden könne, Berlin 1797.

Kähler, Harro Dietrich; Koch, Christian: Rezensionen im Internet. Ein Beitrag zum Wissenschaftsmanagement in der Sozialwissenschaft, in: Nachrichtendienst des Deutschen Vereins für öffentliche und private Fürsorge 83 (2003), S. 261-268.

Meyer, Andreas: Die Verlagsfusion Langen-Müller. Zur Buchmarkt- und Kulturpolitik des Deutschnationalen Handlungsgehilfen-Verbands in der Endphase der Weimarer Republik, Frankfurt/M. 1989.

Müller, Dietrich: Buchbesprechung im politischen Kontext des Nationalsozialismus. Entwicklungslinien im Rezensionswesen in Deutschland vor und nach 1933, Diss. Univ. Mainz 2007.

Nicolaisen, Jeppe: The scholarliness of published peer reviews. A bibliometric study of book reviews in selected social science fields, in: Research Evaluation 11, 3 (2002), S. 129-140.

Sabosik, Patricia E.: Scholarly reviewing and the role of choice in the postpublication review process, in: Book Research Quarterly, Summer 1988, S. 10-18.

Schneider, Ute: Literaturkritische Zeitschriften, in: Wilhelm Haefs, York-Gothart Mix (Hrsg.): Von Almanach bis Zeitung. Ein Handbuch der Medien in Deutschland 1700-1800, München 1999, S. 191-206.

Sudhof, Siegfried: Der Wissenschaftler als Leser, in: Franz-Heinrich Philipp (Hrsg.): Information und Gesellschaft. Bedingungen wissenschaftlicher Publikation, Stuttgart 1977.

Ullrich, Volker: Die Kultur der Rezension. Wenn Bücher nicht mehr besprochen werden, in: Die Zeit 46 (2002).

Wilke, Jürgen: Grundzüge der Medien- und Kommunikationsgeschichte, Köln u.a. 2008.

Zimmermann, Clemens: Medien im Nationalsozialismus. Deutschland 1933-1945, Italien 1922-1943, Spanien 1936-1951, Köln u.a. 2007.

## Rezensionen und Internet

Camman, Alexander: Ein Flüsterer. Der Historiker Orlando Flings als anonymer Rezensent im Internet, in: Die Zeit 18 (2010).

Heinemann, Andreas: Online-Rezensionsjournale der Geschichtswissenschaft, in: Zeitschrift für Bibliothekswesen und Bibliographie 55 (2008), S. 23-29.

Helmberger, Peter: Historische Rezensionen im Internet. Entwicklung – Probleme – Chancen, in: Historical Social Research 29 (2004), S. 173-185.

Hohls, Rüdiger: H-Soz-u-Kult: Kommunikation und Fachinformation für die Geschichtswissenschaften, in: Historical Social Research 29 (2004), S. 212-232.

Jäger, Georg: Von Pflicht und Kür im Rezensionswesen, in: IASLonline 2001: verfügbar über: http://iasl.uni-muenchen.de/discuss/lisforen/jaerezen.html (letzter Abruf am 12.4.2011).

Jäger, Georg: Redaktionspolitik elektronischer Fachrezensionen am Beispiel von IASLonline. Ein Werkstattbericht, in: IASLonline 2002: verfügbar über: http://iasl.uni-muenchen.de/discuss/lisforen/jaepolitik_button.html ((letzter Abruf am ????).

Landes, Lilian: Rezensieren im Zeitalter des Web 2.0. Das Rezensionsportal recensio. net, in: Bibliotheksmagazin 1/2011, S. 22-25.

Mey, Günter: Elektronisches Publizieren – eine Chance für die Textsorte Rezension? Anmerkungen zur Nutzung des Internet als „scholarly review resource", in: Historical Social Research 29 (2004), S. 144-172.

Spink, Amanda; Robins, David; Schamber, Linda: Use of scholarly book reviews. Implications of electronic publishing and scholarly communication, in: Journal of the American Society for Information Science 49, 4 (1998), S. 364-374.

Waha, Mathias: Der Historiker und das Web 2.0. Wissenschaft digital: Ein neues Forum will Rezensionen vernetzen, in: Süddeutsche Zeitung vom 2. Februar 2011.

## Rezensionszeitschriften und Literaturanzeiger

Die folgende Auswahl verzeichnet nur ausdrückliche *Rezensionszeitschriften* sowie einige ausgewählte Titel, die eine explizite, regelmäßig geführte Rubrik mit *Literaturberichten* pflegen. Einschlägige Fachzeitschriften, die jeweils mehr oder minder ausführliche Rezensionsteile aufweisen, gibt es natürlich zuhauf und sollen deshalb hier bewusst nicht durchgängig aufgeführt werden.

### Altertumswissenschaften, Archäologie, Altphilologie

Anzeiger für die Altertumswissenschaft (1948 ff.)
Gnomon (1925 ff.)
Gymnasium. Zeitschrift für Kultur der Antike und humanistische Bildung (1890 ff.)
Journal of Hellenic Studies (1881 ff.)
The Bryn Mawr Classical Review (1990 ff.)
The Classical Review (1887 ff.)
The Journal of Roman Studies (1911 ff.)

### Anglistik und Amerikanistik

Kritikon Litterarum. Internationale Rezensionszeitschrift für Romanistik, Slavistik, Anglistik und Amerikanistik (1972 ff.)
Reviews in American History (1973 ff.)
Zeitschrift für Anglistik und Amerikanistik (1952 ff.)

### Germanistik

Arbitrium. Zeitschrift für Rezensionen zur germanistischen Literaturwissenschaft (1983 ff.)
The Modern Language Review (1905 ff.)
Zeitschrift für Rezensionen zur germanistischen Sprachwissenschaft (2009 ff.)

### Geschichte

Das Historisch-Politische Buch (1953 ff.)
Historische Literatur. Rezensionszeitschrift von H-Soz-u-Kult (2002 ff.)
Historische Zeitschrift (1859 ff.)
Neue Politische Literatur (1956 ff.)
Vierteljahrshefte für Zeitgeschichte (1953 ff.)
Zeitschrift für Geschichtswissenschaft (1952 ff.)

### Kunstgeschichte und Kunstwissenschaften

Journal für Kunstgeschichte (1997 ff.)
kritische berichte. Zeitschrift für Kunst- und Kulturwissenschaften (1968 ff.)
Kunstchronik (1948 ff.)
Kunstform (1999 ff.)
Zeitschrift für Kunstgeschichte (1932 ff.)

### Pädagogik, Erziehung, Bildung

Erziehungswissenschaftliche Revue (2002 ff.)
Internationale Zeitschrift für Erziehungswissenschaft (1931 ff.)
Pädagogische Rundschau (1946 ff.)
Zeitschrift für Pädagogik (1955 ff.)
Zeitschrift für Sozialpädagogik (2003 ff.)

### Philosophie

Das Argument. Zeitschrift für Philosophie und Sozialwissenschaften (1958 ff.)
Philosophische Rundschau (1954 ff.)
Philosophischer Literaturanzeiger (1948 ff.)
Revue internationale de philosophie (1938 ff.)
The Philosopher's Index: An international Index to Philosophical Periodicals and
    Books (1967 ff.) *(keine Rezensionszeitschrift im engeren Sinne, aber oft hilfreich)*

### Politikwissenschaft

Das Historisch-Politische Buch (1953 ff.)
Neue Politische Literatur (1956 ff.)
Vierteljahrshefte für Zeitgeschichte (1953 ff.)
Zeitschrift für Politikwissenschaft (1990 ff.)

### Romanistik

Kritikon Litterarum. Internationale Rezensionszeitschrift für Romanistik, Slavistik,
    Anglistik und Amerikanistik (1972 ff.)
Romanistische Zeitschrift für Literaturgeschichte (1977 ff.)
Zeitschrift für französische Sprache und Literatur (1992 ff.)
Zeitschrift für romanische Philologie (1877 ff.)

## Soziologie und Sozialwissenschaften

Das Argument. Zeitschrift für Philosophie und Sozialwissenschaften (1958 ff.)
Journal of Economic Literature (1963 ff.)
Kölner Zeitschrift für Soziologie und Sozialpsychologie (1921 ff.)
Psychologische Revue. Rezensionszeitschrift für Psychologie und Sozialwissenschaften (2001 ff.)
Soziologie Revue (1978 ff.)
Sozialwissenschaftliche Literatur Rundschau (1983 ff.)
Zeitschrift für Sozialpädagogik (2003 ff.)

## Theologie und Religionswissenschaften

Theologische Berichte (1972 ff.)
Theologische Literaturzeitschrift (1876 ff.)
Theologische Revue (1902 ff.)
Theologische Rundschau (1897 ff.) *(auch mit Forschungsberichten)*
Verkündung und Forschung. Theologischer Jahresbericht (1940 ff., seit 1969 als Beihefte zur *Evangelischen Theologie*) *(bringt Forschungsberichte und Rezensionen)*

# Internetadressen

> **Lektüretipp:** Recherchieren im Internet
>
> Peter M. Steiner: Effektiv arbeiten mit dem Internet, Darmstadt 2006
>
> Der Band ist – obwohl das aus dem Titel nicht recht deutlich wird – explizit auf geistes-, sozial- und kulturwissenschaftliche Fächer zugeschnitten.

## Allgemeines

Fachbibliographien und Online-Datenbanken (FabiO), http://www2.bsz-bw.de/cms/recherche/links/fabio *(riesiger Linkkatalog)*
Wissenschaftlicher Literaturanzeiger, http://www.wla-online.de

## Altertumswissenschaften, Archäologien, Altphilologie

### A. Allgemeine Recherchemöglichkeiten

Archäologie online *(Linkportal, u.a. mit Buchbesprechungen)*, http://www.archaeologie-online.de

KIRKE – Katalog der Internet-Ressourcen für die Klassische Philologie, http://www.kirke.hu-berlin.de

L'Année philologique *(Bibliografie für Altphilologien in Franz., Engl. und Ital.)*, http://www.annee-philologique.com

Linkliste zur Klassischen Philologie und Altertumswissenschaften der Universität Köln, http://www.uni-koeln.de/phil-fak/ifa/klassphil/index.html

### B. Open-Access-Zeitschriften und -Rezensionsorgane

American Journal of Archaeology *(ab 2000 im Volltext frei zugänglich)*, http://www.ajaonline.org

Gnomon Online *(bibliografische Datenbank zur Printausgabe, aber nur 2002 bis 2005)*, http://www.gnomon.ku-eichstaett.de

Göttinger Forum für Altertumswissenschaft, http://www.gfa.d-r.de

histara – les comptes rendus *(internationale Rezensionszeitschrift für Archäologie, Kunstgeschichte und verwandte Fachgebiete)*, http://histara.sorbonne.fr

Pegasus – Wissenschaftliche Onlinezeitschrift für Didaktik und Methodik der Fächer Latein und Griechisch, http://www.pegasus-onlinezeitschrift.de *(selten auch Literaturberichte)*

PLEKOS – Periodicum OnLine zur Erforschung der Kommunikationsstrukturen in der Spätantike, http://www.plekos.uni-muenchen.de *(bringt auch Forschungsberichte)*

The Bryn Mawr Classical Review, http://ccat.sas.upenn.edu/bmcr

## Anglistik und Amerikanistik

### A. Allgemeine Recherchemöglichkeiten

America: History and Life on Disc *(Datenbank mit Aufsätzen und Rezensionen aus über 2.100 Zeitschriften ab 1982, Datenbank nur nutzbar, wenn Ihre Hochschulbibliothek über eine Lizenz verfügt)*

Anglistik Guide *(Portal zu wissenschaftlich relevanten Internetressourcen zu anglo-amerikanischer Sprache und Literatur)*, http://www.anglistikguide.de

Annual Bibliography of English Language and Literature *(umfangreiche Bibliografie für Monografien, Aufsätze und Rezensionen mit über 800.000 Einträgen)*, http://collections.chadwyck.co.uk/home/home_abell.jsp

Bibliography of Linguistic Literature *(Bibliographie Linguistischer Literatur)* – Onlineversion der Bibliographie zur Allgemeinen Linguistik und zur anglistischen, germanistischen und romanistischen Linguistik, http://www.blldb-online.de

MLA International Bibliography *(wichtigste Bibliografie zu den Bereichen Literatur, Linguistik – inklusive Kunst- und Zeichensprachen – und Folkloristik aller modernen Philologien)*, http://www.mla.org/bibliography

### B. Open-Access-Zeitschriften und -Rezensionsorgane

Literaturwissenschaftliche Rezensionen, http://www.lirez.de

ReLü – Rezensionszeitschrift zur Literaturübersetzung, http://www.relue-online.de/

Rezensionsmagazin des Fachbereichs Anglistik/Amerikanistik der Universität Wuppertal, http://www.fba.uni-wuppertal.de/anglistik_amerikanistik/ejournal/rezensionen.html

## Germanistik

### A. Allgemeine Recherchemöglichkeiten

Biblint.de – Bibliographieren im Internet *(allgemeine Einführung, behandelt aber die Germanistik besonders ausführlich)*, http://www.biblint.de

Bibliography of Linguistic Literature (Bibliographie Linguistischer Literatur) – Onlineversion der Bibliographie zur Allgemeinen Linguistik und zur anglistischen, germanistischen und romanistischen Linguistik, http://www.blldb-online.de

germanistik.net – Internetresources for Germanists, http://www.germanistik.net *(mit großem Linkkatalog zu Fachzeitschriften)*

### B. Open-Access-Zeitschriften und -Rezensionsorgane

Internationales Archiv für Sozialgeschichte der deutschen Literatur Online, http://iasl.uni-muenchen.de

literaturkritik.de – Rezensionsforum für Literatur und für Kulturwissenschaft, http://www.literaturkritik.de

Literaturwissenschaftliche Rezensionen, http://www.lirez.de

Medienobservationen – Rezensionen zu Gegenwartsliteratur und Fachbüchern, http://www.medienobservationen.uni-muenchen.de

rezens.tfm – Rezensionsorgan für Theater-, Medien-, Film- und Kulturwissenschaften, http://www.rezenstfm.univie.ac.at

## Geschichte

### A. Allgemeine Recherchemöglichkeiten

Clio-online – Geschichte im Internet *(umfangreiches Verzeichnis für fachwissenschaftlich relevante Internetangebote)*, http://www.clio-online.de

Historische Rezensionen Online *(Rechercheseite der Zeitschrift Clio-online)*, http://www.clio-online.de/rezensionen

Historische Bibliographie Online – Historische Bibliographie und Jahrbuch der Historischen Forschung, http://www.oldenbourg.de/verlag/ahf

History Journals *(internationales Verzeichnis, wird leider nicht mehr gepflegt)*, http://www.history-journals.de

Jahresberichte für deutsche Geschichte online (seit 2003), http://www.jdg-online.de

### B. Open-Access-Zeitschriften und -Rezensionsorgane

Archiv für Sozialgeschichte online *(Volltexte der Ausgaben inkl. Rezensionen seit 2000)*, www.fes.de/afs-online

H-Soz-u-Kult – Kommunikation und Fachinformation für die Geschichtswissenschaften, http://hsozkult.geschichte.hu-berlin.de

literaturkritik.de – Rezensionsforum für Literatur und für Kulturwissenschaft, http://www.literaturkritik.de

Querelles-Net – Rezensionszeitschrift für Frauen- und Geschlechterforschung, http://www.querelles-net.de

Sehepunkte – Online-Rezensionsjournal für die Geschichtswissenschaften, http://sehepunkte.historicum.net

## Kunstgeschichte und Kunstwissenschaften

### A. Allgemeine Recherchemöglichkeiten

Artnet – online-Dienstleister für den internationalen Kunsthandel, http://www.artnet.de

arthistoricum.net – Virtuelle Fachbibliothek Kunstgeschichte *(breites mehrsprachiges Portal für kunsthistorische Forschung und Lehre)*, http://www.arthistoricum.net

ViFaArt – Virtuelle Fachbibliothek Gegenwartskunst, http://vifaart.slub-dresden.de

### B. Open-Access-Rezensionsorgane

H-Museum – Besprechungen zu Ausstellungskatalogen und anderen Publikationen, http://www.h-net.org/~museum

H-Soz-u-Kult – Kommunikation und Fachinformation für die Geschichtswissenschaften http://hsozkult.geschichte.hu-berlin.de

histara – les comptes rendus *(internationale Rezensionszeitschrift für Archäologie, Kunstgeschichte und verwandte Fachgebiete)*, http://histara.sorbonne.fr

Kunstgeschichte. Open peer-reviewed journal; http://www.kunstgeschichte-ejournal.net

KUNSTFORUM, http://www.arthistoricum.net/epublishing/kunstform

literaturkritik.de – Rezensionsforum für Literatur und für Kulturwissenschaft, http://www.literaturkritik.de

Medienobservationen *(behandelt auch Foto, Architektur etc.)*, http://www.medienobservationen.uni-muenchen.de

rezens.tfm – Rezensionsorgan für Theater-, Medien-, Film- und Kulturwissenschaften, http://www.rezenstfm.univie.ac.at

## Medienwissenschaften

### A. Allgemeine Recherchemöglichkeiten

FIAF Databases Online (verzeichnet Literatur zu Filmen, Filmkultur und Kino), http://www.fiafnet.org/uk

Online Contents – SSG Medien- und Kommunikationswissenschaften (erschließt Inhaltsverzeichnisse von fachrelevanten Zeitschriften), http://gso.gbv.de/DB=2.149

Virtuelle Fachbibliothek medien buehne film – fächerübergreifendes Informationsportal und Rechercheinstrument für die Fachgebiete Kommunikationswissenschaft, Publizistik, Medienwissenschaft, Theaterwissenschaft, Filmwissenschaft, http://www.medien-buehne-film.de

### B. Open-Access-Rezensionsorgane

KULT-Online – Rezensionsmagazin des Gießener Graduiertenzentrums Kulturwissenschaften, http://www.kult-online.uni-giessen.de

literaturkritik.de – Rezensionsforum für Literatur und für Kulturwissenschaft, http://www.literaturkritik.de

Medienobservationen – Rezensionen zu Gegenwartsliteratur und Fachbüchern, http://www.medienobservationen.uni-muenchen.de

rezens.tfm – Rezensionsorgan für Theater-, Medien-, Film- und Kulturwissenschaften, http://www.rezenstfm.univie.ac.at

r:k:m – Integrative Rezensionszeitschrift für die Kommunikations- und Medienwissenschaften, http://www.rkm-journal.de

## Musik- und Theaterwissenschaften

### A. Allgemeine Recherchemöglichkeiten

Musikwissenschaft: Rezensionen beschaffen, http://lotse.uni-muenster.de/musikwissenschaft/literatur_recherchieren_und_beschaffen

theaterforschung.de – Portal für Theaterwissenschaften, http://www.theaterforschung.de

Virtuelle Fachbibliothek medien buehne film – fächerübergreifendes Informationsportal und Rechercheinstrument für die Fachgebiete Kommunikationswissenschaft, Publizistik, Medienwissenschaft, Theaterwissenschaft, Filmwissenschaft, http://www.medien-buehne-film.de

Virtuelle Fachbibliothek Musikwissenschaften: Zeitschriftenschau, http://www.vifamusik.de/literatur/zeitschriftenschau.html

### B. Open-Access-Rezensionsorgane

rezens.tfm – Rezensionsorgan für Theater-, Medien-, Film- und Kulturwissenschaften, http://www.rezenstfm.univie.ac.at

## Pädagogik, Erziehung, Bildung

### A. Allgemeine Recherchemöglichkeiten

Fachportal Pädagogik (Fachinformationen mit einer Vielzahl von weiteren Datenbanken), http://www.fachportal-paedagogik.de

Deutscher Bildungsserver (umfassende Informationen zum Thema Bildung im Internet, von Bund und Ländern getragen), http://www.bildungsserver.de

### B. Open-Access-Rezensionsorgane

HBO – Historische Bildungsforschung Online, http://www.fachportal-paedagogik.de/hbo

## Philosophie

### A. Allgemeine Recherchemöglichkeiten

Sophikon – Virtuelle Fachbibliothek Philosophie, http://www.sophikon.de
BELIT - Bioethik-Literaturdatenbank, http://www.drze.de/belit/recherche

### B. Open-Access-Rezensionsorgane

kritikon – Rezensionen zur Philosophie, http://www.kritikon.de
literaturkritik.de – Rezensionsforum für Literatur und für Kulturwissenschaft, http://www.literaturkritik.de

## Politikwissenschaft

### A. Allgemeine Recherchemöglichkeiten

ViFaPol – Virtuelle Fachbibliothek Politikwissenschaft, http://www.vifapol.de
Portal für Politikwissenschaft *(mit eigener Suchfunktion für Rezensionen!)*, http://www.pw-portal.de

## Romanistik, Slavistik

### A. Allgemeine Recherchemöglichkeiten

Bibliography of Linguistic Literature (Bibliographie Linguistischer Literatur) – Onlineversion der Bibliographie zur Allgemeinen Linguistik und zur anglistischen, germanistischen und romanistischen Linguistik, http://www.blldb-online.de
cibera – Virtuelle Fachbibliothek Ibero-Amerika, Spanien, Portugal, http://www.cibera.de
Einstiegsportal Romanistik-Online, www.romanistik-online.de
MLA International Bibliography *(wichtigste Bibliografie zu den Bereichen Literatur, Linguistik – inklusive Kunst- und Zeichensprachen – und Folkloristik aller modernen Philologien)*, http://www.mla.org/bibliography
Romanistik im Internet (TU Dresden), http://www.tu-dresden.de/sulcifra/romanistik
Slavistik-Portal – Virtuelle Fachbibliothek Slavistik, http://www.slavistik-portal.de
VifaRom – Virtuelle Fachbibliothek Romanischer Kulturkreis, http://www.vifarom.de
ViFaOst – Virtuelle Fachbibliothek Osteuropa, http://www.vifaost.de

### B. Open-Access-Rezensionsorgane

literaturkritik.de – Rezensionsforum für Literatur und für Kulturwissenschaft, http://www.literaturkritik.de
ReLü – Rezensionszeitschrift zur Literaturübersetzung, http://www.relue-online.de/
romanistik.info – Literatur, Kulturwissenschaft, deutsch-französische Beziehungen, www.romanistik.info

## Soziologie und Sozialwissenschaften

### A. Allgemeine Recherchemöglichkeiten

socialnet, www.socialnet.de

Sowiport – Sozialwissenschaftliches Fachportal, www.gesis.org/sowiport

### B. Open-Access-Rezensionsorgane

buch sozial, www.buch-sozial.de

H-Soz-u-Kult – Kommunikation und Fachinformation für die Geschichtswissenschaften, http://hsozkult.geschichte.hu-berlin.de

Forum Qualitative Sozialforschungwww.qualitative-research.net

socialnet – Rezensionen *(wöchentlich neue Rezensionen)*, www.socialnet.de/rezensionen

SSOAR – Social Science Open Access Repository (frei zugänglicher Volltextserver mit Rezensionen), http://www.ssoar.de

## Theologie und Religionswissenschaften

### A. Allgemeine Recherchemöglichkeiten

Index theologicus *(Zeitschrifteninhaltsdienst, verzeichnet z.T. auch Rezensionen)*, http://www.ixtheo.de

REMID – Religionswissenschaftlicher Medien- und Informationsdienst e.V., http://www.remid.de

### B. Open-Access-Rezensionsorgane

Literatur & Religion *(frei zugängliche Zeitschrift mit festem Rezensionsteil)*, http://www.literatur-religion.net

Theologie & Literatur *(Internetangebot der Deutschen Bibelgesellschaft mit großem frei zugänglichem Rezensionsangebot)*, http://www.theologie-und-literatur.de

Tà katoptrizómena – Das Magazin für Kunst, Kultur, Theologie und Ästhetik, http://www.theomag.de

ZjR – Zeitschrift für junge Religionswissenschaft, http://www.zjr-online.de

# Beispielrezensionen

**Frank Bösch, Rezension zu: Meike Vogel: Unruhe im Fernsehen. Protestbewegung und öffentlich-rechtliche Berichterstattung in den 1960er Jahren, Göttingen 2010, aus: Deutschland Archiv 44 (2011) 1, S. 139 f.**

In jüngster Zeit wurde vielfach gefordert, das Fernsehen in die zeithistorische Forschung einzubeziehen. Denn offensichtlich spielt es spätestens seit den 1960er-Jahren nicht nur als Quelle und Repräsentation von historischen Vorgängen eine zentrale Rolle, sondern das Fernsehen prägte diese auch mit und wurde selbst Gegenstand von historischen relevanten Auseinandersetzungen. Meike Vogel geht nun mit einer historischen Pionierstudie derartigen Ansätzen nach. Die Studentenbewegung bietet sich dafür exzellent als Thema an, da sie, wie bereits oft betont wurde, vielfältig mit den Massenmedien interagierte.

Vogel geht es methodisch um das „Framing", also die Rahmung und Deutungsmuster des Fernsehens. Um diese zu ermitteln, hat sie 380 Fernsehbeiträge von ARD und ZDF erfasst, von denen sie über die Hälfte einsehen konnte. Neben diesen Berichten, die insbesondere aus Nachrichtensendungen und politischen Magazinen stammen, hat sie zahlreiche Gremienprotokolle des Rundfunks sowie kontextualisierend Printmedien analysiert, um Debatten zu erfassen. Ihre vertieften Beispiele werden von zahlreichen Fotos aus den Filmsequenzen veranschaulicht.

In ihrer thematischen Einbettung zeigt Vogel zunächst, wie die Fernsehjournalisten in den 1960ern ein stärkeres politisches Selbstbewusstsein gewannen, auch um ihre Unabhängigkeit vom Staat zu beweisen. Am Beispiel des Schah-Besuchs von 1967 demonstriert sie in einer vertieften Analyse, wie Berichte „kippen" konnten – von einer klassischen zeremoniellen Darstellung des Staatsbesuches hin zu kritisch-ironischen Sendungen im Zeichen der Proteste, wobei viele Journalisten gegen konservative Deutungen Position bezogen. Als dominanten Deutungsrahmen macht Vogel insgesamt die Schlagworte „Ruhe und Ordnung" versus „Unruhe" aus, die als Gefährdung für die demokratische Ordnung gesehen wurde. Visualisiert wurde die Studentenbewegung vor allem mit Aufnahmen von Demonstrationen. Da diese auch aus Sicherheitsgründen aus der Polizeiperspektive aufgenommen wurden, waren die Bilder entsprechend wertend, und vor allem abgeführte Studenten standen im Mittelpunkt (180). Ein zweites Deutungsmuster bildet die Frage, ob die Bewegung als politisch zu verstehen sei. Dies wurde für den SDS und die Radikalen anerkannt, während den Spontis und der Kommune I diese Qualität abgesprochen wurde (207).

Insbesondere der Sender Freies Berlin (SFB) rückte die Demonstranten in die Nähe der kommunistischen Machthaber, bildete damit aber eher eine Ausnahme. Interessant ist vielmehr Vogels Befund, dass die Medien bereits seit 1966 von einer „außerparlamentarischen Opposition" sprachen (253) und der Begriff damit nicht von Rudi Dutschke erfunden wurde. Die Medien trugen zur Etablierung des Begriffes bei, wenngleich er in den Rundfunkräten umstritten war, weil einige die Bezeichnung „anti-parlamentarische Opposition" für die Fernsehberichte einforderten.

Die „Unruhe im Fernsehen" bezog sich nicht nur auf die dargestellten Proteste. Vielmehr kam es im und gegenüber dem Fernsehen zur „Unruhe", da den Sendern vorgeworfen wurde, die Konflikte durch emotionale Bilder von den Protesten zusätzlich anzuheizen. Dies ging mit der allgemeinen Annahme einer starken Medienwirkung und einer leicht verführbaren Öffentlichkeit einher. Im Bundestag gab es Ende 1967 dazu eine offizielle Anfrage. Der Verzicht auf Bilder von den Protesten wurde gefordert, und Franz-Josef Strauß warf der ARD-Führung deshalb sogar „Volksverhetzung" vor. Die Intendanten einigten sich immerhin darauf, künftig visuell zurückhaltender zu berichten und die Kameramänner entsprechend anzuweisen. Auch im Fernsehen selbst wurden Zweifel über die eigene Rolle deutlich. So liefen Sendungen über die Frage, ob die Kameras die Proteste anheizen würden, wozu außerdem Experten befragt wurden. Eine tatsächliche Einschränkung der Pressefreiheit, wie sie damals insbesondere von einzelnen CDU/CSU-Politikern gefordert wurde, macht Vogel jedoch trotz dieser Weisungen nicht aus.

Meike Vogels Studie führt eindrucksvoll in die historische Bedeutung des damals neuen Mediums Fernsehen ein und ergänzt die zahlreichen Studien über 1968 um eine neue Note. Ihre Arbeit bleibt dabei auf der Ebene des öffentlichen Sprechens über den Zusammenhang zwischen Fernsehen und Protest. Von Aussagen über die „tatsächliche" Wirkung des Fernsehens sieht sie ab, zumal sie vermutlich in genau diesen Diskursen lag. Sicherlich wäre man neugierig, mehr über die damalige Wahrnehmung des Fernsehens von Seiten der Protestierenden zu erfahren, auf deren Kritik an den Massenmedien Vogel mehrfach verweist. Wie sehr die Studenten das Medium Fernsehen goutierten, zeigt allein die Tatsache, dass die Kameras recht ungestört ihre Versammlungen filmen konnten und ihre Akteure zu Interviews erschienen, was Journalisten des Springer-Verlages sicher nicht geglückt wäre. Auch zur DDR-Fernsehperspektive hätte man gerne etwas erfahren, vor allem weil diese Bilder auch in Berlin kursierten. Allerdings rechtfertigen gerade der große Aufwand und die Kosten für die Erhebung von Fernsehquellen die Eingrenzung. Künftigen Studien, die das Medium Fernsehen integrieren, ist das Buch sehr zu empfehlen.

Hiram Kümper, Rezension zu: Dietmar Lutz: Die Goldene Bulle von 1356. Das vornehmste Verfassungsgesetz des Heiligen Römischen Reiches Deutscher Nation, 650 Jahre nach der Verabschiedung auf den Reichstagen in Nürnberg und Metz, neu herausgegeben, Lübeck 2006, aus: Webcritics (http://www.webcritics.de/page/book.php?id=988)

In diesem Jahr jährt sich zum 650. Mal die Promulgation eines der mit einigem Recht prominentesten Rechtsdokumente der mittelalterlichen Reichsgeschichte: der Goldenen Bulle Karls IV., die ihren Einfluss (mit einigen Jahrzehnten Verspätung nach ihrer Verkündung) vom 15. Jahrhundert bis zum Ende des Alten Reiches und noch darüber hinaus entfaltet hat. Die Zahl entsprechender Veröffentlichungen und kleinerer Ausstellungen zum Jubiläumsjahr ist denn auch beachtlich und so mag es kaum verwundern, dass der Anlass willkommen ist für eine Neuausgabe dieses bedeutenden Reichsgesetzes.

Schon bald nach Erfindung des Buchdrucks ist die Bulle – ganz ihrer Bedeutung entsprechend – von der Handschrift in den Druck gewandert und seitdem in einer unüberschaubaren Anzahl von Drucken bis hin zu modernen Editionen immer wieder vorgelegt worden. Eine neuerliche Ausgabe hat sich also gegenüber den vorhandenen, zumal denen der letzten fünfzig Jahre, die sämtlich noch bestens greifbar sind, zu positionieren. Ihrem Aufbau gemäß gilt es dabei dreierlei zu betrachten: Zunächst die Einführung, ferner Text und Übersetzung, schließlich den Kommentar.

So knapp wie die Einleitung mit ihren neun Seiten daherkommt, kann sie auch ihrerseits kommentiert werden: Die sich bereits im Untertitel andeutende Unschärfe in der thematischen Auseinandersetzung (man wird – ganz gleich, welcher Deutung der gesamten Promulgation man sich anschließen mag – in keinem Fall von einer *„Verabschiedung"* sprechen können) zieht sich in gleicher Oberflächlichkeit weiter. Neben einigen mehr oder minder willkürlichen Daten der Reichsgeschichte, die ebenso wie viele andere, ungenannte Daten Bezüge zur Bulle aufweisen, finden sich Allgemeinplätze über die Königswahl und eine Liste der sieben erhaltenen Kanzleiausfertigungen mit ihren entsprechenden Siglen gemäß der aktuellen Textausgaben – eine Information, die nutzlos ist, weil die Siglen im Folgenden nicht verwendet werden. Hinweise auf entsprechende Textausgaben, beispielsweise die Faksimilierung des böhmischen Exemplars, unterbleiben. Kein einziger Hinweis auf Forschungsstand oder -debatten, von denen so manche auch vom Herausgeber beflissentlich ignoriert werden, ja nicht einmal eine einfache Bibliographie wenigstens der einschlägigsten Literatur werden dem Leser zur weiteren Orientierung an die Hand gegeben, Text und Kommentar stehen vollkommen für sich.

Damit zum zentralen Inhalt: der Textausgabe. Lutz gibt zunächst eine hochdeutsche Übersetzung, gefolgt vom „*lateinischen Original*" (S. 107-163). Diese folgt offenbar in allen Teilen der Ausgabe von Karl Zeumer (oder eines seiner Nachfolger Fritz bzw. Müller), – ohne freilich, dass dies an irgendeiner Stelle formuliert würde (vgl. vielmehr die Ausführungen auf S. 11, die – wahrscheinlich unbeabsichtigt – einen tatsächlichen Rückgriff auf die Handschriften [!] suggerieren). Die einschlägigen und textkritischen Editionen von Wolfgang Fritz und Konrad Müller für die Monumenta Germaniae Historica sind seit einiger Zeit auch als kostenfreies Digitalisat im Internet zugänglich (http://www.dmgh.de/, dort Constitutiones, Bd. 11, S. 535-631 bzw. die separate Ausgabe des lateinischen Textes in den Fontes iuris Germanici antiqui in usum scholarum, Bd. 11), sodass die Notwendigkeit zumal einer um alle textkritischen Elemente gekürzten lateinischen Neuausgabe in dieser Form kaum mehr zu begründen sein wird. Auf die Wiedergabe eines der nach der Zahl der überlieferten Handschriften scheinbar deutlich wirkmächtigeren, zeitgenössischen Übersetzungen der Goldenen Bulle ist verzichtet worden. Hier kann zumindest für die frühneuhochdeutschen Textzeugen die von Marie-Luise Heckmann zusammen mit einem Hamburger Seminar entwickelte, synoptische Edition weiter führen, die ebenfalls frei im Netz verfügbar ist (http://www.people.freenet.de/heckmann.werder/GoldeneBulleDeutsch.htm).

Ist nun der Neudruck eines lateinischen Textes in der vorliegenden Form schlimmstenfalls überflüssig, so scheint die hochdeutsche Übersetzung ein seltsames Konglomerat aus bereits bestehenden, gediegenen Übersetzungen (wie der von Lorenz Weinrich in der Freiherr-vom-Stein-Gedächtnisausgabe) und eigenen „Modernisierungen", denen zu einem guten Teil leider der Rückhalt im Text fehlt. Allenfalls als Aufbereitung für den Schuleinsatz, aus dem die Goldene Bulle nach der lehrplanmäßigen Rückdrängung des Mittelalters auf die Jahrgangsstufe 7 praktisch verschwunden ist, wären solche Eingriffe in den Text ohne Kennzeichnung zu rechtfertigen.

Bleibt noch der beigefügte Kommentar. Dieser bezieht sich „*mit Hinblick auf die zurückgehenden Kenntnisse der lateinischen Sprache*" (S. 9 – wessen?) auf die hochdeutsche Übersetzung der Bulle. Entsprechend seltsam nimmt sich die Begründung aus, da es sich bei „*diesem Büchlein um eine juristische Kommentierung und nicht um eine philologische Untersuchung*" handele, könnten „*Schreib- und Flüchtigkeitsfehler sowie die orthographischen Unterschiede der sieben Varianten nachfolgend vernachlässigt werden*" (S. 11), denn der lateinische Text wird ja (mit einigem Recht) gar nicht kommentiert. Manche der gegebenen Anmerkungen gehen offenbar unmittelbar auf Zeumers gründliche, aber in mancher Hinsicht mit Blick auf die beinahe hundert seitdem vergangenen Jahre veraltete Kommentierung (Weimar 1908) zurück. Darüber hinaus finden sich in der Mehrzahl lediglich Allgemeinplätze und für das Textverständnis hinlänglich überflüssige Belehrungen (wie der biographische Exkurs über den französischen Dauphin auf S. 86, Anm. 153) oder ungenaue Formulierungen, die von der sich bereits in der Einleitung andeutenden, mangelnden Sicherheit des Kommentators in der Materie zeugen. So kommt es dann zu so kruden Missverständnissen, wie der Behauptung, die Goldene Bulle zementiere das Erbrecht der Lex Salica [sic!] in den Kurfürstentümern (S. 92, Anm. 165: *"Das Erbrecht der Lex Salica, welches Frauen ausschließt, galt schon bei den Merowingern und wird durch die Goldene Bulle in den Kurfürstentümern verbindlich."*). Weder wichtige Quellen (z. B. der so genannte „Schwabenspiegel") noch der Einfluss einzelner Institute auf die spätere Verfassungspraxis werden im nötigen Umfang aufgezeigt, sondern bestenfalls (und in reichlich willkürlicher Auswahl) angerissen, meist aber vollständig übergangen, sodass von der versprochenen *"juristischen Kommentierung"* (S. 11) keine Rede sein kann. Entsprechend bleibt der Leser mit der unmittelbaren Lektüre des Zeumerschen Kommentars oder den in der Tat *"klugen Hinweisen"* (S. 11) von Konrad Müller (Bern 1957) deutlich besser beraten.

Diese Neuausgabe, die übrigens leider auch im Druckbild und in der Einrichtung des Manuskripts (Stichwort: einheitliche Zitierweise!) eine Reihe von Nachlässigkeiten aufweist, ist in jeder Hinsicht ausgesprochen enttäuschend; die bereits bestehenden Ausgaben sind ihr ohne Bedenken weiterhin vorzuziehen.

**Stefanie Diekmann, Rezension zu: Victor I. Stoichita: The Pygmalion Effect: From Ovid to Hitchcock. University of Chicago Press 2008, aus: CARGO. Zeitschrift für Film, Medien, Kultur 1 (2009), S. 89 f.**

Der Fribourger Kunsthistoriker Voctor Stoichita leitet aus dem Pygmalion-Mythos eine Bildtheorie ab, die auf das Kino zuläuft und bei Hitchcock zu sich kommt.

Jetzt also Pygmalion. Pygmalion und die Statue, die von ihm geschaffen, geschmückt, geliebt wurde und schließlich, auf sein Bitten, von der Göttin Venus verlebendigt. Der Mythos von Pygmalion, so erklärt Victor I. Stoichita in seinem neuen Buch, verdient mehr Aufmerksamkeit, als er bislang erfahren hat, genauer: eine veränderte Aufmerksamkeit, die ihn als erste große Erzählung über den Umgang mit Simulakren zu kartieren versteht. Denn letztlich ist dies die Agenda der transhistorischen, transmedialen Erkundungen, die *The Pygmalion Effect* versammelt: nicht einfach von der Entwicklung eines Mythos zu erzählen, sondern mittels der Legende von der schönen Statue das Konzept des Simulakrums zu rehabilitieren, also des Bilds, das nach keinem Vorbild gestaltet und als Bildnis in eine Existenz eigenen Rechts gesetzt wird.

In der Bildtheorie hat dieser Ansatz Konjunktur. Man könnte sogar sagen, dass die neuere Bildwissenschaft, so wie sie von der Kunstgeschichte praktiziert wird, wesentlich auf dem Postulat gründet, dass das Bild selbst ebenso wie diverse Aspekte des Bildlichen einer Wiederentdeckung und Neubewertung bedürfen *(pictorial turn etc.)*. Ein Beispiel: Georges Didi-Hubermans Buch über den Abdruck, ebenfalls an den Prinzipien einer «anthropology of art» orientiert, an der Beziehung der haptischen und visuellen Regimes interessiert und wie Stoichitas Untersuchung als Querschnitt durch die Epochen der Kultur- und Kunstgeschichte angelegt, von der Antike bis zur Moderne, oder, wie hier der Untertitel lautet: *From Ovid to Hitchcock.*

Bis *Hitchcock*, das heißt: bis zu dem Film VERTIGO (1958), in dem sich das Pygmalion-Motiv ohne große Schwierigkeiten erkennen lässt und auch bereits mehrfach erkannt worden ist. (Die Endnoten verweisen unter anderem auf die Publikationen von Brigitte Peuckert und Gertrud Koch.) In Stoichitas Studie steht VERTIGO am Ende einer langen Folge von Aktualisierungen des Mythos, die mit den Illustrationen zum mittelalterlichen *Romen de la Rose* beginnen und sich über die Künstlerlegenden der Renaissance, die Geschichte der Schönheit Helena, die Animationsphantasien des 19. Jahrhunderts usw. fortsetzen, von intermedialen Metamorphosen des Gegenstandes begleitet, so dass die abschließende Hinwendung zum Kino (Wunschmaschine, Verlebendigungsapparat) sich wie selbstverständlich ergibt.

Bleibt die Frage, wie sich der Blick des Kunsthistorikers Stoichita auf den Film gestaltet. Die Antwort lautet, nicht ganz überraschend: vorwiegend als Bildbeschreibung, im Modus der Fokussierung einzelner Tableaus, von denen VERTIGO in der Tat eine ganze Reihe liefert. Dies ist ein Film der wiederholten Verlangsamungen und beinahe still gestellten Szenen, auch: ein Film, in dem die Aktivitäten des Protagonisten denjenigen des Regisseurs auf teils unheimliche, teils parodistische Weise korrespondieren. Dass es zudem ein Film über Gestaltungsrivalitäten sein könnte, wird bei Stoichita angedeutet. Allerdings erscheinen die Rivalitäten dabei ausschließlich als solche zwischen männlichen Figuren: Ferguson gegen Elster, der zweite Schöpfer der blonden Madeleine gegen den ersten, während die Konstellation in Wahrheit etwas komplizierter ist.

In Stoichitas VERTIGO-Kommentar finden sich alle möglichen Verweise: auf den Umgang des Regisseurs mit seinem Star Kim Novak, auf die Verschränkung von Ikonizität und Multiplikation in der Kunst Andy Warhols, auf die Barbiepuppe (auch Produkt des Jahres 1958) als Exempel der konstitutiven Duplizierbarkeit etc. Was sich indes nicht findet, ist ein Verweis auf jene Figur des Films, die sich ostentativ in die Aushandlungen um die Produktion von

Mimesis und Simulakrum einmischt, die Arbeit am Bild zu ihrer eigenen Sache macht und dafür eine Sanktionierung erfährt, die weniger katastrophal, aber kaum weniger grausam ist als der Tod der duplizierten Madeleine. Die Figur trägt den Namen Midge und ist eine jener kleinen, vorlauten, bebrillten Frauengestalten, die in Hitchcocks Filmen häufiger auftreten. Eine handlungsfähige Figur ist sie außerdem, und ihre zentrale Aktivität besteht darin, das gemalte Porträt, vor dem Madeleine so viele Stunden zubringt, und das in der Verdoppelungsgeschichte, die man Ferguson auftischt, eine sehr zentrale Rolle spielt, zu reproduzieren, eigenhändig und mit der entscheidenden Modifikation, ihren Kopf an die Stelle des Originals zu setzen.

Diese Geste ließe sich mehrfach interpretieren: als Appropriation von Gestaltungsmacht, als gleichzeitige Markierung des Anspruch auf Differenz, als Angriff auf die Fetischisierung des Originals (der ausgetauschte Kopf) und nicht zuletzt als ein Verfahren, die mimetischen Komponenten in die Produktion des Simulakrums zu exponieren. Denn auch wenn die geheimnisvolle Madeleine punktuell den Status eines Simulakrum erlangt, ist ihre Erscheinung nicht frei von Momenten der Mimesis. Das gilt für ihren ersten Auftritt, der nur funktioniert, wenn er am «Design» der echten Ms. Elster orientiert bleibt und erst für ihren zweiten, bei dem das Erscheinungsbild der verlorenen Geliebten streng mimetisch reproduziert wird, von den Schuhen über das Kostüm und das Makeup bis zur berühmten *VERTIGO*-Frisur.

So betrachtet, zettelt Midge in ihrer Appropriation eben jenen Konflikt von Mimesis und Simulakrum an, den Stoichita in den einführenden Bemerkungen zu seiner Studie ausdrücklich thematisiert. Dass sie dann (ebenso wie ihre Aktivitäten) nicht einmal erwähnt wird, ist umso erstaunlicher, aber durchaus symptomatisch für eine Pygmalion-Studie, die eine gewisse Tendenz zeigt, das, was nach Gender Trouble aussieht, allenfalls sublimiert zur Kenntnis zu nehmen.

**Sergius Kodera, Rezension zu: Johannes Reuchlin. Sämtliche Werke: Band II, 1: De Arte cabalistica libri tres / Die Kabbalistik. Berliner Ausgaben, hrsg. von Widu-Wolfgang Ehlers and Fritz Felgentreu (2010); aus: Renaissance Quarterly 64 (2011), S. 655-656 [dt. Übersetzung von Hiram Kümper]**

Johannes Reuchlin, Verfasser der ersten umfassenden hebräischen Grammatik, war auch der Protagonist und das Hauptziel einer berühmt-berüchtigten Debatte über den Status jüdischer Bücher. [...] Als *De arte cabalistica* 1517 aus dem Druck kam, hatte sich Reuchlin, ein engangierter, wenn nicht gar pedantischer Philologe, autodidaktisch in den Studien kabbalistischer Texte in ihrer Originalsprache fortgebildet. Die drei Dialoge beinhalten unmittelbare hebräische Zitate aus ungefähr zwanzig einschlägigen Quellen. Unbestreitbar ist das Buch ein Meilenstein in der Geschichte des religiösen Synkretismus, fraglos aber in den dort vertretenen Ansichten höchst ambivalent. Denn Reuchlin verteidigte, veröffentliche und vereinnahmte ja nicht nur ein Wissensgebiet, das eigentlich nicht dafür bestimmt war, außerhalb eines sehr begrenzten Segmentes jüdischer Gelehrsamkeit bekannt zu werden. So wie vor ihm schon Giovanni Pico benutzte auch Reuchline bewusst fragmentierte und zum Teil auch entstellte Zitate, um seine zentrale Idee zu untermauern: dass nämlich eine angemessene Darstellung der kabbalistischen Lehren ihre Kompatibilität mit dem Christentum erzeigen würde und dass seine methodische Darlegung als wirkmächtiges Werkzeug für die Bekehrung von Juden zum Christentum dienen könne. Diese eigenartige Attitüde kultureller Öffnung bei gleichzeitiger Abschottung ist charakteristisch für das intellektuelle Ferment am Vorabend er Reformation. Reuchlin war ferner während seiner Jahre in Italien in Kontakt mit den bedeutendsten Intellektuellen des Florentiner Kreises gekommen und so wie Ficino Platon als griechischen Moses portraitiert hatte, so wollte der Verfasser von *De arte cabalistica* dem christlichen Pantheon der Philosophen eine weitere Persönlichkeit hinzufügen: Pythagoras nämlich, den Reuchlin gleichsam als griechischen Kabbalisten sah.

Dieser Band ist der dritte innerhalb des groß angelegten Projekts, Reuchlins *Opera Omnia* sowie weitere Dokumente der Debatte(n), die um ihn geführt wurden, herauszugeben. Die sorgfältige Edition (nach der *editio princeps* von 1517) wird von einer deutschen Übersetzung und einer Menge gut unterrichteter Anmerkungen begleitet, die vor allem die klassischen und hebräischen Quellen nachweisen. Die Anmerkungen zum Fließtext selbst sind sehr kurz, oft hilfreich, aber manchmal verwirrend: zum Beispiel wurden die Juden aus Spanien 1492 ausgewiesen, nicht 1494, wie auf S. 43 Anm. 12 impliziert wird. Verweise auf zeitgenössische Quellen, wie etwa Cusanus' Dialog *De Possest* (1460) werden ausgelassen (S. 216 Anm. 91). Man kann wohl davon ausgehen, dass der angekündigte Kommentarband zu *De arte cabalistica* dem Leser eingehendere Kontextualisierungen dieses bemerkenswerten Werkes bieten wird. Jedenfalls steht zu hoffen, dass dieser Band bald erscheinen wird, denn auf den entsprechenden Band zur Edition von Reuchlins *De verbo mirifico*, die in derselben Reihe bereits vor fünfzehn Jahren erschien, warten wir noch heute. Dem exegetischen Esoterismus des Werkes wirft der exorbitante Preis der Ausgabe leider ein Echo. Schließlich scheint das Projekt im gegenwärtigen Zustand eigenartig isoliert von der internationalen Forschung, die sich in jüngerer Zeit mit *De arte cabalistica* befasst hat; so finden beispielsweise auch die modernen Übersetzungen ins Französische, Englische und Italienische keine Erwähnung.

Buchhistorisch Interessierte werden in dieser Ausgabe viel aufschlussreiches Material finden, wie Geheimnisse in den ersten Jahren der Druckerpresse verbreitet wurden, während die Geistesgeschichte hier Paradebeispiele finden wird für mehr oder weniger bewusste Fehllesungen der Traditionen von Minderheitenkulturen, um sie in den Dienst der Konstruktion einer dominanten Kultur zu stellen. Hebraisten schließlich werden besonders die Auslassungen und Interpolationen in Reuchlins Zitaten aus den kabbalistischen Texten interessieren.

**Englisches Original:**

Johannes Reuchlin, author of the first comprehensive Hebrew Grammar, was also the protagonist and main target of an (in-)famous debate over the status of Jewish books [...]. By the time the *De arte cabalistica* came off the press in 1517, Reuchlin, a dedicated (not to say a pedantic) philologist, had educated himself to study Cabalist texts in their original language. The three dialogues incorporate direct Hebrew quotations from some twenty relevant sources; undoubtedly the book is a landmark in the history of religious syncretism, yet its outlook is highly ambivalent. For Reuchlin was not only defending, publishing, and trying to assimilate a body of knowledge that was actually not destined to be passed on outside a very restricted and learned, segment of the Jewish community. Just as Giovanni Pico before him, Reuchlin was also consciously using fragmented and sometimes distorted quotations to give evidence to his central idea: that a proper exposition of the Kabbalist doctrines would show their compatibility with Christianity, and that his methodical exposition would actually serve as a powerful argumentative tool to convert Jews. This attitude of a cultural opening and concomitant closure is characteristic of the intellectual ferment on the eve of the Reformation. Moreover during his years in Italy, Reuchlin had come into contact with the most important intellectuals of the Florentine circle, and just as Ficino had portrayed Plato as a Greek Moses, so the author of the *De arte cabalistica* wished to add another figure to the Christian pantheon of philosophers, Pythagoras, whom Reuchlin portrayed as a Greek Cabalist.

This volume is the third in a large project, the publication of Reuchlin's *Opera Omnia* as well as other relevant documents of the Reuchlin debate. The careful edition (after the princeps, 1517) is faced by a fine German translation and accompanied by a host of well-informed notes that provide references mostly to classical and Hebrew sources. The notes to the running text are very brief, often helpful, but yet sometimes puzzling: for instance, the expulsion of the Jews from Spain happened in 1492, not in 1494 as is implied (43 n. 12).

Reference to contemporary sources, for example, to Cusanus's dialogue *De Possest* (1460) is omitted (216 n. 91). It is to be expected that the advertised commentary volume to the *De arte cabalistica* will provide readers with a more thorough contextualization to this remarkable work; one hopes that this commentary will appear soon, for we are still waiting the for the corresponding volume to the edition of Reuchlin's *De verbo mirifico* that appeared in this series fifteen years ago. Echoing this exegetical esotericism is the exorbitant price of the book; furthermore the project in its present state stands somehow isolated form the international scholarly work that has been published on the *De arte cabalistica:* we find, for instance, no mention that the text has been translated into French, English, and Italian.

Historians of the book will find a lot of material suggesting how secrets were divulged in the early years of the printing press, whereas intellectual historians may study textbook cases of more-or-less-deliberate misreadings of traditions belonging to minority cultures in construction of majority identities. Hebraists will be interested to look closely at Reuchlin's omissions and interpolations in his quotes from Kabbalistic texts.

**Alexander Pettenkofer, Rezension zu: über Christian von Scheve: Emotionen und soziale Strukturen. Die affektiven Grundlagen sozialer Ordnung; aus: Archive of European Sociology 50, 3 (2009), S. 467-472**

Dass eine Erklärung sozialer Prozesse, die rationalistische Verkürzungen vermeiden will, auch die emotionale Dimension des Handelns berücksichtigen sollte, wird in den Sozialwissenschaften inzwischen wieder akzeptiert. Die einschlägigen Ergebnisse von Psychologie und Biologie werden dafür aber bisher kaum genutzt. Allerdings nicht ohne Grund: Zwar sind viele dieser Ergebnisse soziologisch unmittelbar interessant, weil sie gängige Annahmen darüber in Frage stellen, wie soziale Prozesse auf der Mikroebene ablaufen (vgl. etwa die These, dass Emotionen, durch ihre Fokussierungsleistung, situative Entscheidungen – auch: ‚rationale' Entscheidungen – überhaupt erst ermöglichen). Diejenigen Soziologen, die – wie Randall Collins und Jonathan Turner – systematisch dafür plädieren, sich stärker auf diese Ergebnisse einzulassen, präsentieren dieses Programm jedoch als *Alternative* zu einer ‚verstehenden' Soziologie und setzen in ihren Erklärungen voraus, dass sich Emotionen weithin unmittelbar auf fest verdrahtete Reaktionsmuster zurückführen lassen. Nimmt man das ernst, dann liegt der Eindruck nahe, dass hier zwischen Soziologie auf der einen, Psychologie und Biologie auf der anderen Seite derzeit echte Übersetzungsschwierigkeiten bestehen; dass der Versuch, Argumente aus diesen Disziplinen zu integrieren, momentan dazu zwingen würde, ertragreiche hermeneutische Verfahren aufzugeben und einen erheblichen Teil der beobachtbaren sozialen Variationen auszublenden, und insofern mit echten Nachteilen verbunden wäre.

Auf diesen Diskussionsstand reagiert Christian von Scheves wirklich lesenswertes Buch *Emotionen und soziale Strukturen* (das im Kontext der von Birgitt Röttger-Rössler und Hans Markowitsch geleiteten Arbeitsgruppe „Emotionen als bio-kulturelle Prozesse" am Zentrum für interdisziplinäre Forschung der Universität Bielefeld entstanden ist und den Nutzen solcher interdisziplinären Kooperationen deutlich belegt). Das Buch will diese Rezeptionsbarrieren auflösen und so dazu beitragen, eine Alternative zu den gängigen rationalistischen Erklärungsstrategien in der Soziologie auszuarbeiten. Ziel ist keine fertige Theorie über das Verhältnis von Emotionen und sozialen Strukturen – eine solche Theorie wäre jedenfalls heute gar nicht möglich –, sondern ein allgemeiner Rahmen, der es erlaubt, Aussagen über Emotionen und Aussagen über soziale Strukturen so zu verbinden, dass bessere soziologische Erklärungen entstehen. Zu diesem Zweck nähert sich Scheve der Emotionsforschung – anders als etwa Collins und Turner – gerade aus der Perspektive einer ‚kognitiven' Soziologie; aus seiner Sicht „verwundert es, dass einige neuere Emotionstheorien oftmals Abstand zum interpretativen Paradigma nehmen" (111 f.).

Ausgangspunkt seines Arguments ist die derzeitige unglückliche Konstellation der US-amerikanischen Emotionssoziologie. Dort stehen einander zwei Extrempositionen gegenüberstehen: eine in einem spezifisch engen Sinne ‚konstruktivistische' Position, der zufolge Emotionen sozialen Regeln folgen, weil und insoweit sie planvoll – durch ‚Emotionsmanagement' – geformt wurden; und jene bereits erwähnte Position, der zufolge Emotionen, weil sie sich der reflektierten Kontrolle weithin entziehen, nicht auf soziale Regeln, sondern unmittelbar auf fest verdrahtete Reaktionsmuster zurückzuführen sein müssen. Offensichtlich stimmen diese Positionen insoweit überein, als sie den für die hermeneutische Tradition zentralen Gedanken ausschließen, dass Deutungsregeln das Weltverhältnis von Akteuren auch über ein *präreflexives Verstehen* anleiten können; ein Gedanke, den schon Heidegger – in seiner Analyse der *Stimmungen* – für die Deutung von Emotionsphänomenen nutzt, und der vor allem durch Bourdieus Habituskonzept (wenn auch bekanntlich auf nicht unproblematische Weise) bereits in die Soziologie einging. Dagegen verweist das vorliegende Buch zwar dort, wo es die Form des ins Auge gefassten Erklärungsansatzes skizziert, mehrfach auf Bourdieu; interessant ist es aber gerade, weil es zunächst nicht an diese Diskussionslinie anknüpft, sondern zu einem ähnlichen Ergebnis auf ganz anderem Wege kommt, nämlich durch eine Rekonstruktion aktueller psychologischer und biologischer Emotionskonzepte (vgl. vor allem die Kapitel „Sozial strukturierte Emotionen", 79-177, und „Affektive Informationsverarbeitung", 206-221). In einem ersten Schritt diskutiert Scheve die psychologische ‚Einschätzungstheorie' *(appraisal theory)* der Emotionen. Deren Grundgedanke lautet: Die Entstehung spezifischer Emotionen setzt spezifische ‚Einschätzungen' voraus, die – das ist der für Scheves Argument entscheidende Punkt – den Beteiligten nicht *bewusst* sein müssen, aber trotzdem sinnvoll nur als *Kognitionen* begriffen werden können (da es dafür auf die Art der Informationsverarbeitung ankommt und nicht darauf, dass sie bewusst geschieht). Das ist nicht nur ein Streit um Worte: Wie Scheve betont, erschließt diese Begriffsklärung zusätzliche substantielle Erklärungsmöglichkeiten, weil sie auf den möglichen Einfluss von kognitiven Mustern aufmerksam macht, die essentiell sozialen Ursprungs sind: Zu den kognitiven Schemata, die die Entstehung von Emotionen anleiten, gehören auch soziale Kategorien, die u.U. nur im ‚impliziten Gedächtnis' gespeichert sind, aber den Verlauf von Interaktionssituationen dennoch prägen können, etwa weil sie bei manchen Beteiligten ein ungutes Gefühl erzeugen. Wie Scheve an Helena Flams Konzept des ‚emotional man' zeigt, haben Ansätze, die die Sozialität von Emotionen allein auf ‚Emotionsmanagement' zurückführen, insofern keinen zu starken, sondern einen zu schwachen Begriff von der Sozialität der Emotionen, da sie bereits ein problematisches Konzept unvermittelter ‚primärer' Emotionen voraussetzen. – In einem zweiten Schritt zeigt Scheve, dass diese Argumentation auch durch die neurobiologische Forschung gestützt wird; seine anfangs überraschende These lautet, dass „eine soziale Konstruktion ebenso gut auf neurophysiologischer Ebene stattfinden kann" (81). Das Buch erläutert hier zunächst detailliert die – bei allem Dissens über die Einzelheiten – weithin akzeptierte Auffassung, dass Emotionen im Gehirn auf zwei *separaten* ‚Pfaden' entstehen: in einem subkortikalen System, das basale affektive Reaktionen in Gang setzt, und in einem kortikalen System, das die „weitere Differenzierung, Kategorisierung und Kontrolle" dieser Reaktionen (87) bewirkt. Aus dieser Unterscheidung ergibt sich zunächst: Konzepte, die etwa spontane Furchtreaktionen als allgemeines Modell für Emotionen nehmen (und dies ggf. nutzen, um den Sinn einer ‚verstehenden' Emotionssoziologie in Frage zu stellen), verallgemeinern voreilig von einem *bestimmten* Modus der Emotionsentstehung. Der für das Argument des Buchs entscheidende Punkt ist hier aber, dass selbst bei der subkortikalen Entstehung von Emotionen ‚kognitive' Elemente eine Rolle spielen, und darunter auch solche, die durch *Lernen* erworben werden und sozial variieren. Scheves Buch kehrt damit zu einem Gedanken zurück, der bereits für Philosophische Anthropologie wesentlich war: Je weiter man sich in die biologischen Details vertieft, desto deutlicher zeigt sich eine basale Umweltoffenheit menschlicher Akteure, und desto stärker erscheint die strukturierende Wirkung sozialer Muster. – Dabei läuft die Argumentation des Buchs nicht auf den Versuch hinaus, Emotionen ‚kognitivistisch' zu reduzieren: In einem dritten Schritt diskutiert Scheve, wenn auch deutlich knapper, die soziologische Relevanz derjenigen Forschungen, die zeigen, wie Emotionen jeweils die weitere ‚kognitive' Informationsverarbeitung anleiten.

Das Bild, das sich hier abzeichnet, ist also das eines engen Ineinanders kognitiver und emotionaler Elemente, die sich in einem immer wieder von neuem beginnenden Prozess wechselseitig von Grund auf verändern. (Tatsächlich erscheint die Abgrenzung von ‚Kognitionen' und ‚Emotionen' im Fortgang des Textes beinahe prekär. Während das Buch deren Verhältnis teilweise mit Metaphern eines räumlichen Nebeneinanders beschreibt, liest sich sein Argument insgesamt, als könnte man bestenfalls noch emotionale und kognitive Elemente *innerhalb* des jeweiligen Informationsverarbeitungsprozesses unterscheiden. Hier sind möglicherweise auch begriffliche Fragen offen.) Der entscheidende Gedanke des Buchs lautet nun: Weil diese kognitiven Elemente zu einem erheblichen Teil sozialen Ursprungs sind, ermöglicht ihre Betrachtung, an die Stelle eines unvermittelten Nebeneinanders von Aussagen über emotionale Effekte und Aussagen über soziale Effekte übergreifende Erklärungen zu setzen: Sie kann die Suche nach rekursiven Prozessen anleiten, in denen Makro- und Mesophänomene das Handeln der Beteiligten in einer Weise prägen, die auf die Beschaffenheit dieser Phänomene zurückwirkt. Dabei ist die Idee, dass soziologische Erklärungen gerade nach solchen Prozessen suchen sollten, bekanntlich nicht neu. Wie Scheve betont, ermöglicht die Berücksichtigung von Emotionsphänomenen aber, solche Erklärungen tragfähiger zu formulieren; sie erleichtert es zu untersuchen, inwiefern soziale Prozesse den Beteiligten nicht äußerlich bleiben (wie es das gängige Verständnis von ‚choice within constraints' suggeriert), sondern sie bis in ihre basalen Entscheidungsdispositionen hinein beeinflussen – und jeweils auch dadurch ihre spezifische Gestalt erhalten. (Da solche sozialen Effekte, wenn man der ‚Einschätzungstheorie' folgt, wesentlich durch unthematische Vorverständnisse vermittelt sind, lassen sie sich nur durch ein hermeneutisches Vorgehen genauer erklären; so dass damit die Auffassung, eine verstehende Soziologie sei mit einem Ernstnehmen des biopsychologischen Wissens über Emotionen unvereinbar (‚bloß geisteswissenschaftlich', etc.), hinfällig ist.) Besonders lesenswert ist Scheves Buch auch, weil es hier bereits die substantiellen Erklärungsangebote vorstellt, die sich dazu in der emotionspsychologischen Forschungsliteratur finden (etwa über kognitive Schemata und ‚soziale Repräsentationen', über ‚mood as information' etc.).

Allerdings wird der Bereich der hier möglichen Erklärungen – das ist die eine systematisch wichtige Schwäche des Buchs – nur aus einem spezifisch verengten Blickwinkel beschrieben. Das Buch setzt voraus, dass die sozialen Prozesse, die sich nach Berücksichtigung der emotionalen Dimension besser erklären lassen, immer solche sind, in denen sich die jeweils bestehende Sozialordnung stabilisiert. Als Bezugspunkt aller zu entwickelnden Erklärungen benennt es schon am Anfang ein „Alltagshandeln, das [...] von sozial strukturierten Emotionen deutlich geprägt ist und das aus diesem Grund maßgeblich zur Reproduktion derjenigen sozialen Strukturen beiträgt, die sich in der Emotionsentstehung wiederfinden" (18); damit legt es sich doch auf eine Erklärungsstrategie fest, wie sie Bourdieu vertritt. Das ist empirisch erkennbar einseitig; gut beobachten lässt sich das an radikalen Protestbewegungen, die meist von starken Emotionen getragen werden. Es folgt auch nicht aus den berichteten Ergebnissen der Emotionsforschung. Sie helfen zwar zu erklären, wie ein kognitives Muster handlungsleitend wirken kann, ohne für das handelnde Individuum thematisch und damit hinterfragbar zu werden; damit tragen sie auch dazu bei, die Stabilität sozialer Arrangements zu erklären. Sie liefern aber kein Argument dafür, dies als umfassend gültige Erklärungsstrategie zu begreifen, zumal sie ja durchaus nicht die Auffassung bestätigen, *alle* Informationsverarbeitung geschehe rein ‚schematisch'. Entsprechend hat Pierre Livet die neurophysiologische Beobachtung, dass Emotionen auf zwei separaten Pfaden entstehen, gerade für ein Konzept emotionsgeleiteten Handelns genutzt, das über die Beschränkungen von Bourdieus Ansatz hinausweist, indem es zeigt, unter welchen Bedingungen auch diejenigen handlungsleitenden Überzeugungen revidiert werden, die zunächst nur präreflexiv wirksam sind. Auch die ‚Einschätzungstheorie', auf die Scheve sein Argument großteils stützt, legt nicht nahe, dass Emotionen allein konservativ wirken: Klaus Scherer – einer der Hauptvertreter dieses Ansatzes – sieht, wie es Scheve auch erwähnt, eine der wesentlichen Wirkungen von Emotionen auf Handlungsprozesse gerade darin, dass sie die Verbindung zwischen ‚Reiz' und ‚Reaktion' *unterbrechen* – und eben nicht nur die jeweiligen Routinen stabilisieren. Ganz ähnlich argumentiert schon Dewey (auf dessen Emotionstheorie auch Axel Honneth zurückgreift, um zu erklären, warum Demütigungen nicht nur eine Selbsteinpassung in die bestehende Ordnung, sondern auch einen ‚Kampf um Anerkennung' nach sich ziehen können). Und auf eine ganz andere Weise bietet bekanntlich schon Durkheims Religionssoziologie eine Erklärung dafür an, wie kollektive emotionale Erfahrungen einen Wandel von Ordnungsformen herbeiführen können. (Hier zeigt sich überhaupt eine unnötige Selbstbeschränkung des vorliegenden Buchs: Der Verfasser schreibt mit mildem Spott, Leser könnten möglicherweise „die Berücksichtigung einiger obligatorischer Klassiker" vermissen (344). Allerdings spräche für eine Auseinandersetzung mit diesen Konzepten nicht bloß der deplatzierte Wunsch nach philologischer Vollständigkeit. Die sozialtheoretische Ausblendung der Emotionen ist ein neues Phänomen. Durchgesetzt hat sie sich erst in der Nachkriegszeit; zuvor – mindestens seit Hobbes – bildeten Emotionen innerhalb des Nachdenkens über Gesellschaft fast durchgängig ein zentrales Thema. Deshalb läge es eigentlich nahe, die Rezeption der neueren psychologischen Emotionsforschung gerade zu nutzen, um diese Konzepte – dort, wo sie sich als haltbar erweisen – präziser zu formulieren.) – Tatsächlich folgt das Buch dort, wo es diese These einer ausschließlichen Stabilisierungswirkung verteidigt, eher einem soziologischen Vorverständnis, das von der diskutierten Emotionsforschung ganz unabhängig ist. Eine seiner Grundannahmen scheint zu lauten, dass das Verhältnis, in dem soziale Strukturen zu kognitiven Mustern stehen, sich mit einem Basis/Überbau-Modell begreifen lässt: Soziale Normen seien „Spiegelbild und Resultat aktueller sozialstruktureller Konfigurationen" (294); das Verhältnis der beobachtbaren Emotionen zur jeweiligen Ordnung erkläre sich dadurch, dass die „kognitiven Strukturen und Prozesse [...] die soziale Situiertheit des Akteurs widerspiegeln" (162). Zunächst würde die Annahme, dass der soziale Normalfall in der permanenten Selbststabilisierung der jeweiligen Ordnung besteht, durch ein solches Widerspiegelungsmodell allerdings nur dann gestützt, wenn soziale Strukturen typischerweise so frei von Spannungen wären, dass sie kaum Normen hervorbringen, die miteinander in Konflikt treten können. Diese Prämisse ist bereits mit der These kaum vereinbar, dass die emotionalen Reaktionen, die durch ‚Emotionsarbeit' diszipliniert werden, ihrerseits sozialen Ursprungs sind. Vor allem aber ist ein solches Widerspiegelungsmodell als *allgemeine* kultursoziologische These kaum zu verteidigen: Es schließt von vornherein aus, dass Eigenlogiken kultureller Muster eigenständige soziale Wirkungen haben können. Dagegen scheint aus der Aufwertung kognitiver Muster doch zu folgen, dass eine Soziologie, die Emotionsphänomene in ihren Erklärungen tatsächlich berücksichtigen kann, zuallererst eine Kultursoziologie sein müsste. – Das sind aber keine fundamentalen Einwände; sie laufen alle nur darauf hinaus, dass es für das von Scheve skizzierte Erklärungsprogramm nützlich wäre, die Konsequenzen aus der in seinem Buch vorgelegten Rekonstruktion der neueren Emotionsforschung noch stärker zu ziehen, als das innerhalb des Buchs selbst geschieht.

**NEU!**

Klaus Peter Hufer

# | Jahrhundertbücher auf dem Höhepunkt der Moderne |

## Klassiker der Kultur- und Sozialwissenschaften wieder gelesen

Jährlich erscheinen allein in Deutschland circa 90.000 Bücher neu. Wer kann da noch und mit welchen Gründen eine Auswahl treffen?

Was ist wichtig, was oberflächlich? Vieles von dem, was auf den Markt kommt, ist weder neu noch originell. Aber es gibt auch immer wieder Bücher, die herausragen, bahnbrechende Erkenntnisse bringen, Neuüberlegungen anstoßen und über lange Zeit bedeutend sind. Sie haben das Zeug zu „Jahrhundertbüchern".

Klaus-Peter Hufer stellt in der bewegenden Zeitspanne von 1900-1938 entstandene, besonders herausragende Werke von Georg Simmel, Max Weber, Oskar Spengler, Carl Schmitt, Sigmund Freud, Georg Lukács, Karl Jaspers und Norbert Elias vor.

Er berichtet vom Leben der Autoren, den sie begleitenden Zeitumständen und gibt Auskunft darüber, was sie bewirkten und warum diese fundamentalen Arbeiten auch heute noch eine große Aussagekraft haben.

ISBN 978-3-94126409-0,
208 S., € 19,80

*Dr. Klaus-Peter Hufer ist Professor an der Fakultät für Bildungswissenschaften der Universität Duisburg-Essen und Fachbereichsleiter der Kreisvolkshochschule Viersen.*

b|d edition

**b|d edition**  **Imprint im Wochenschau Verlag**

Adolf-Damaschke-Str. 10 | 65824 Schwalbach/Ts. |
Tel.: 06196/86065, Fax: 06196/86060 | info@bd-edition.de | www.bd-edition.de